2024全球經濟与ETF投資

香港財經移動研究部

選70+ 行業 /

別ETF

- 人工智能 ■ 能源 ■ 醫健
- 已開發市場 ■ 房地產
- 金融 ■ 債券

投息 / 高增長選擇

資產配置範例
組合管理與調整
風險與收益的策略

U0118445

TF市場
動因素
分析

科技創新
與
數字化

綠色經濟
與可持續
發展

024全球經濟分析！

香港財經移動出版
HONG KONG MOBILE FINANCIAL PUBLICATION

2024 年全球經濟與 ETF 投資

作　　　者：香港財經移動研究部

出　　　版：香港財經移動出版有限公司

地　　　址：香港柴灣豐業街 12 號啟力工業中心 A 座 19 樓 9 室

電　　　話：（八五二）三六二零 三一一六

發　　　行：一代匯集

地　　　址：香港九龍大角咀塘尾道 64 號龍駒企業大廈 10 字樓 B 及 D 室

電　　　話：（八五二）二七八三 八一零二

印　　　刷：美雅印刷製本有限公司

初　　　版：二零二四年二月

如有破損或裝訂錯誤，請寄回本社更換。

免責聲明

本書僅供一般資訊及教育之用途，並不擬作為專業建議或對任何投資計劃的具體推薦。本書的出版商、作者以及參與創作本書的任何其他人士、機構於提供的信息的準確性、可靠性、完整性或及時性不作任何陳述或保證。金融市場瞬息萬變，本書的信息隨時發生變更，我們不能保證讀者使用時是最新的。

我們已竭力提供準確的信息，對於因提供的信息中的任何錯誤、不準確之處或遺漏，或基於本書中提供的信息而採取或不採取的任何行動，我們概不負責。讀者有責任自行研究並在進行投資計劃之前自行評估核實。本書的出版商、作者對因使用本書中提供的信息而可能導致的任何損失、不便或其他損害概不負責。

目錄

序 資產規模顯著增長

過去十年間，ETF（交易所交易基金）的資產規模顯著增長，這一趨勢在 2023年達到了新的高點。根據 BlackRock的報告，截至 2022年底，全球 ETF的資產規模已超過 9萬億美元，相比 2013年的約 2萬億美元，增長了超過 350%。

ETF因其低成本、高透明度和交易便利性而受到各類投資者的廣泛接受。機構投資者和零售投資者都將 ETF作為實現資產配置和風險管理的重要工具。

過去十年中，特別是在疫情後的經濟復甦期間，股市的整體上漲推動了 ETF資產的總值。例如，標普 500指數從 2013年的平均水平約 1600點上漲到 2023年的約 4000點左右。

ETF市場的創新和產品多樣化也吸引了更多的資金流入。從傳統的股票和債券 ETF到專門化的主題 ETF，如 ESG、科技和醫療保健，提供了更多的投資選擇。

ETF的資產規模增長，增強了其在全球金融市場中的影響力。例如，ETF在市場段落中的交易量和持股比例的增加，對股價和市場流動性產生了顯著影響。 ETF的增長對傳統的共同基金產業構成了挑戰，迫使後者降低費用並提高服務質量以保持競爭力。預計 ETF的資產規模將繼續增長，尤其是在新興市場和專門的投資領域。

數字化和平台化趨勢將進一步推動 ETF市場的發展，提供更加個性化和高效的投資解決方案。

過去十年，ETF市場的快速增長反映了投資者對這種投資工具日益增長的需求和信任。從資產規模的擴大到產品和服務的創新，ETF已成為全球資本市場中不可或缺的一部分。展望未來，隨著市場的持續演進和技術的進步，ETF將繼續在投資者的資產配置和投資策略中扮演重要角色。

第一章
ETF 在當今投資的重要

　　投資交易所交易基金（ETF）在當前的金融環境中，為投資者提供了一系列獨特的優勢和機會。以下說明為什麼現在是投資 ETF 的好時機。

ETF市場增長因素

　　2023年，全球 ETF市場的增長主要得益於以下因素：

　　多樣化投資｜ETF通常追蹤一個指數，如標準普爾 500指數，這意味著它們可以提供對一籃子股票的曝光。這種多樣化有助於分散投資風險，因為你不會將所有資金投資於單一股票或行業。在市場波動或特定行業或公司面臨挑戰時，這種多樣化尤其重要。根據 ETF.com的數據，2023年全球共有超過 7,000支 ETF，涵蓋從傳統股票和債券到專門行業和主題的廣泛覆蓋。例如 Vanguard Total Stock Market ETF (VTI)，提供對美國整體股市的廣泛曝光，包括大型、中型和小型股票。

　　成本效益｜與傳統的共同基金相比，許多 ETF具有較低的費用比率。這是因為它們通常是被動管理的，旨在模仿其追蹤的指數，而不是通過積極選股來嘗試超越市場。較低的管理費用意味著投資者可以保留更多的投資回報。 許多 ETF的平均費用比率低於 0.20%，而傳統共同基金的平均費用比率約為 0.50%至 1.00%，

如 Schwab U.S. Broad Market ETF（SCHB）的年度費用比率僅為 0.03%。

靈活性和可訪問性｜ ETF在交易所上市，就像股票一樣，這意味著投資者可以在交易日的任何時間以市場價格買賣。這提供了額外的靈活性，並允許投資者快速響應市場變化。 根據美國證券交易委員會（SEC）的數據，2023年美國ETF市場的日均交易量為5.6萬億美元。這比2022年的4.5萬億美元增加了24%。

透明度｜ ETF提供高度透明度，因為它們的持倉和表現定期公布。投資者可以輕鬆查看 ETF持有哪些資產，這有助於他們做出更明智的投資決策。 例如 iShares Core S&P 500 ETF（IVV）定期公布其持倉，使投資者能夠清楚地了解其投資組合。

稅收效率｜在許多情況下，ETF比傳統共同基金更具稅收效率。這是因為 ETF的創建和贖回機制通常導致較少的資本利得稅事件，這對於尋求最大化投資回報的長期投資者來說是一個重要考慮因素。

適應市場趨勢｜隨著市場的發展，ETF提供了投資最新趨勢的機會，如可持續投資、科技創新或新興市場。 以 Global X Lithium & Battery Tech ETF（LIT）為例，該 ETF專注於電池技術和鋰礦業，反映了對可持續能源的增長興趣。 這使得投資者能夠輕鬆地將資金配置到具有高增長潛力的領域。

適合各類投資者｜無論是經驗豐富的投資者還是剛入門的投資者，ETF都提供了一個易於理解和投資的平台。對於那些希望自

己管理投資組合的人來說，ETF是一個很好的工具，同時它們也適合那些尋求簡單、一鍵式投資解決方案的人。SPDR S&P 500 ETF Trust(SPY) 便是一個受到廣泛投資者歡迎的 ETF，因其易於理解和投資。

對沖風險｜某些類型的 ETF，如商品 ETF或逆市 ETF，可以用於對沖市場風險。這對於希望保護自己免受市場下跌影響的投資者來說，是一個有價值的策略。

全球曝光｜通過國際 ETF，投資者可以輕鬆地將他們的投資組合多元化到全球市場。這為投資者提供了一種便捷的方式來利用全球經濟增長的機會。Vanguard FTSE Emerging Markets ETF (VWO) 即提供對新興市場的廣泛曝光。

應對通脹｜特定類型的 ETF，如與黃金或房地產相關的 ETF，可以作為對抗通脹的工具。在通脹壓力上升的環境中，這些資產類別通常表現良好。 如 SPDR Gold Shares(GLD) 提供對黃金價格的直接曝光，通常在通脹期間表現良好。

資產規模顯著增長

過去十年間，ETF的資產規模顯著增長，這一趨勢在 2023年達到了新的高點。根據 BlackRock的報告，截至 2022年底，全球 ETF 的資產規模已超過 9萬億美元，相比 2013年的約 2萬億美元，增長了超過 350%。

ETF因其低成本、高透明度和交易便利性而受到各類投資者的廣泛接受。機構投資者和零售投資者都將 ETF作為實現資產配

置和風險管理的重要工具。

過去十年中，特別是在疫情後的經濟復甦期間，股市的整體上漲推動了 ETF資產的總值。例如，標普 500指數從 2013年的平均水平約 1600點上漲到 2023年的約 4000點左右。

ETF市場的創新和產品多樣化也吸引了更多的資金流入。從傳統的股票和債券 ETF到專門化的主題 ETF，如 ESG、科技和醫療保健，提供了更多的投資選擇。

ETF的資產規模增長，增強了其在全球金融市場中的影響力。例如，ETF在市場段落中的交易量和持股比例的增加，對股價和市場流動性產生了顯著影響。

ETF的增長對傳統的共同基金產業構成了挑戰，迫使後者降低費用並提高服務質量以保持競爭力。

未來趨勢

預計 ETF的資產規模將繼續增長，尤其是在新興市場和專門的投資領域。

數字化和平台化趨勢將進一步推動 ETF市場的發展，提供更加個性化和高效的投資解決方案。

過去十年，ETF市場的快速增長反映了投資者對這種投資工具日益增長的需求和信任。從資產規模的擴大到產品和服務的創新，ETF已成為全球資本市場中不可或缺的一部分。展望未來，隨著市場的持續演進和技術的進步，ETF將繼續在投資者的資產配置和投資策略中扮演重要角色。 關於 ETF市場的未來趨勢，之後還會詳細論述。

第二章
2023 年市場回顧

2.1 全球市場概況

根據 IMF的 2023年 10月發表的《世界經濟展望》,全球經濟增速的基線預測值將從 2022年的 3.5%降至 2023年的 3.0%和 2024年的 2.9%,低於 3.8%的歷史(2000-2019年)平均水平。這主要反映了政策收緊的影響,以及新冠疫情、地緣政治緊張和氣候變化等持續的挑戰。

在發達經濟體,隨著政策收緊開始產生負面影響,經濟增速預計將從 2022年的 2.6%放緩至 2023年的 1.5%和 2014年的 1.4%。美國、歐元區的央行都已經開始或計劃在 2023年加息,以應對高通貨膨脹和緊張的勞動力市場。財政政策也將從刺激轉向收緊,以減少赤字和債務水平。

此外,新冠疫情的變種、供應鏈的壓力和能源價格的波動也將對經濟活動造成不確定性和干擾。

新興市場和發展中經濟體

2023年和 2024年的經濟增速預計將小幅下降,從 2022年的 4.1%降至 2023年和 2024年的 4.0%。這些國家面臨著更多的困難和風險,包括疫苗接種的低覆蓋率、衛生系統的脆弱性、外部融資條件的收緊、國際大宗商品價格的下跌、社會動盪和人道主義危機等。

貨幣政策的空間受到通貨膨脹和匯率壓力的限制,而財政政

策則受到高債務和低稅收的約束。結構性改革和多邊合作對於提高這些國家的增長潛力和韌性至關重要。

商品貿易

　　由於貨幣政策收緊，加之國際大宗商品價格下跌，預計全球通貨膨脹率將從2022年的8.7%降至2023年的6.9%和2024年的5.8%。然而，核心通貨膨脹預計將更緩慢地下降，大多數國家的通貨膨脹預計要到 2025年才能回到目標水平。當前，貨幣政策措施和框架是保持通貨膨脹預期有效錨定的關鍵。關於短期和中期通貨膨脹預期以及不同經濟主體通貨膨脹預期的最近趨勢，IMF強調了貨幣政策框架在管理經濟主體通貨膨脹預期，從而以較低產出成本來降低通貨膨脹的互補性作用。

　　鑒於各方對地緣經濟割裂的擔憂日益增加，報告分析了全球大宗商品貿易的擾動會對大宗商品價格、經濟活動和綠色能源轉型產生何種影響。報告全文指出，由於大宗商品生產集中度高，難於替代，且對科技具有關鍵作用，因而大宗商品特別容易受到市場割裂的影響。進一步的市場割裂將導致大宗商品價格大幅搖擺、波動加劇。

　　大宗商品貿易擾動將對各國產生極不均衡的影響，但由於各國之間的抵消效應，全球損失看來有限。低收入國家由於高度依賴農業進口，將承擔極大的經濟成本。礦物市場的割裂將推高能源轉型的成本。在一個示意性的情景中，到 2030年，可再生能源和電動汽車領域的投資將因此減少三分之一。若能達成一個綠色走廊協議，則可以保證關鍵礦物的國際流動。若能就基本糧食類大宗商品達成類似協議，則可穩定農業市場。此類協議將保障各國在應對氣候變化和糧食安全問題上實現全球性目標。

COVID19復健與疫苗接種

隨著許多國家放鬆封鎖措施並恢復經濟活動,全球經濟從 COVID19大流行所造成的衰退中反彈,儘管速度不一。與一些仍在努力應對大流行後遺症的新興市場相比,受益於全面的疫苗接種行動和財政刺激措施,已開發經濟體普遍表現出更強的復甦跡象。然而,隨著病毒新變種的出現,對公眾健康和商業信心構成新的威脅,復甦並不平衡且脆弱。全球疫苗接種也面臨供應短缺、分配不平等、疫苗不肯定等挑戰。根據世界衛生組織的數據估算,到 2023 年底,全球只有 65% 的人口完全接種了疫苗。

通膨趨勢

2023 年的關鍵事件是全球與通膨的抗爭。通膨最初是由供應鏈瓶頸和經濟重新開放帶來的需求激增所推動的,後來成為持久的問題,促使各國央行重新考慮其貨幣政策。在疫情期間維持寬鬆貨幣政策以支持經濟的各國央行開始轉變策略。加息和縮減資產購買是為了抑制通貨膨脹,這對股票和債券市場都產生了重大影響。美國聯儲局和歐洲央行等實行或暗示加息,以應對通膨上升,影響了股票和債券市場。

2.2 地緣政治緊張局勢與貿易

中美貿易與科技戰 | 2023年，中美之間的貿易和技術戰持續升級，雙方對彼此的商品、服務和企業徵收關稅、制裁和限制。美國指責中國不公平貿易行為、竊取智慧財產權、侵犯人權和軍事侵略；中國則指責美國干涉中國內政、損害中國主權、遏制中國崛起。衝突也蔓延到網路安全、5G、人工智慧和太空探索等其他領域。貿易和技術戰對全球市場產生了重大影響，因為它擾亂了全球供應鏈，增加了不確定性，並減少了投資和創新。

中美貿易戰的起源可以追溯到 2018年初，當時美國總統特朗普開始對中國的貿易做法提出批評，指責中國進行不公平的貿易實踐、知識產權盜竊和強迫技術轉讓。美國政府認為，這些做法對美國經濟構成了威脅，並開始對從中國進口的商品徵收關稅，以減少美國對中國的貿易逆差。

美國貿易代表羅伯特·萊特希澤（Robert Lighthizer）主導了與中國的貿易談判。時任中國國務院副總理劉鶴（Liu He）主要負責與美國的貿易談判。貿易戰開始後，美國對數百億美元的中國商品徵收高達 25%的關稅，中國則以對等的關稅回應。這場貿易戰迅速升級，影響了全球供應鏈，增加了全球市場的不確定性。此外，美國還對中國的科技巨頭，如華為和中興通訊，實施了嚴格的出口限制，這被視為科技戰的一部分。

雙方進行了多輪談判，試圖解決貿易不平衡和知識產權問題。第一階段貿易協議： 2020年初，中美簽署了第一階段貿易協議，中國承諾增加對美國商品的採購，美國則同意減少部分關稅。

2021年上任的美國總統拜登重新評估了中美貿易政策，但大體上保持了對中國的強硬立場。 雖然雙方在某些領域的談判取得了進展，但在技術和安全問題上的緊張關係仍在持續。

貿易戰對全球供應鏈造成了長期影響，促使許多公司重新考慮其供應鏈策略。中美貿易與科技戰是當今國際關係中的一個重要問題，涉及經濟、政治和安全多個層面。雖然雙方在某些問題上取得了進展，但許多核心問題仍未解決，未來的發展仍充滿不確定性。這場貿易戰不僅影響了中美兩國，也對全球經濟和政治格局產生了深遠的影響。

全球貿易動態｜隨著經濟從疫情引發的低點反彈，全球貿易量出現復甦。然而，美國和中國等主要經濟體持續的貿易爭端和保護主義政策，繼續構成挑戰。貿易關係，特別是涉及美國、中國和歐盟等主要經濟體的貿易關係，持續影響全球市場情緒。雖然一些地區的貿易活動有所復甦，但其他地區則因持續的貿易爭端和保護主義政策而面臨挑戰。供應鏈多元化成為許多國家的戰略重點，旨在減少對單一來源的依賴並降低風險。

地緣政治不穩定｜地緣政治事件，包括俄烏戰爭、南海和中東的緊張局勢，增加了全球市場動態的複雜性。這些事件對能源市場、供應鏈和全球投資者的風險情緒產生了直接影響。尤其是能源市場受到較大影響，油氣價格波動反映了不穩定因素。2023年的地緣政治格局凸顯了政治事件與經濟結果之間錯綜複雜的關聯。

氣候變遷與綠色轉型｜ 2023 年另一特點是，人們對氣候變遷及其後果（例如極端天氣事件、自然災害、生物多樣性喪失和社會動盪）的緊迫性和認識大幅度加強。2023年 11月在格拉斯哥舉行的聯合國氣候變遷大會（COP26）是國際社會採取行動並致力於實現《巴黎協定》目標的關鍵時刻。許多國家宣布了雄心勃勃的計

劃和目標，以減少溫室氣體排放、增加再生能源、促進綠色和永續發展。綠色轉型也為全球市場創造了新的機會和挑戰，刺激了對清潔技術、綠色金融以及環境、社會和治理（ESG）投資的需求。

技術創新與顛覆｜在快速進步以及消費者和企業高採用率的推動下，科技產業持續呈上升趨勢。2023年也見證了人工智慧、區塊鏈、雲端運算、生物技術、量子運算等新興技術的快速發展與採用。疫情加速了數位轉型，導致消費者行為發生根本性的變化。電子商務和遠距工作的興起影響了各個行業，包括零售、房地產和科技。這些技術催生了新產品、服務和商業模式，並改變了電子商務、醫療保健、教育、娛樂和金融等各個行業。然而，這些技術也帶來了新的風險和挑戰，例如道德、法律和社會影響、資料隱私和安全問題、數位落差和不平等以及監管和治理差距。

疫情加速了數位平台的轉變，永久改變了消費者行為。電子商務、遠距醫療和遠距工作變得更加根深蒂固，使科技和電信等行業受益。然而，傳統零售和商業房地產行業在適應這些轉變方面面臨挑戰。消費者行為的變化產生了廣泛的影響，影響全球市場的投資趨勢和部門表現。

2023年是全球市場復甦、整固、轉型的一年，面對著後疫情時代的機會與挑戰。全球市場也反映了世界的多樣性和複雜性，因為不同地區、國家和部門經歷了不同程度和模式的成長、波動和表現。

2.3 全球經濟

美國 穩健中見挑戰｜美國經濟在 2023年表現出一定的韌性，儘管面臨高通脹和聯邦儲備系統加息的雙重壓力。就業市場的穩定和消費者支出的增加是美國經濟的亮點，但房地產市場因高利率而放緩。投資者需關注美國的貨幣政策走向及其對全球金融市場的影響。

美國的就業市場在 2023年保持了強勁的勢頭。2023年第三季度，美國新增就業崗位 372,000個，失業率為 3.6%。這表明美國勞動力市場仍處於供不應求的狀態。強勁的就業市場是美國經濟的重要支柱。它為消費者提供了穩定的收入來源，並為企業提供了充足的勞動力。

美國的消費者支出在 2023年也保持了強勁的增長。2023年第三季度，美國消費者支出增長 3.3%，為連續第 12個季度增長。強勁的消費者支出是美國經濟增長的主要驅動力。它反映了美國消費者的購買力和信心。

美國的房地產市場在 2023年因高利率而放緩。2023年第三季度，美國的房價增長率從 2022年同期的 20.7%降至 14.2%。高利率使得購房成本上升，從而抑制了房地產市場的交易量。

聯邦儲備系統在 2023年加息了七次，以應對高通脹。聯邦基金利率的目標區間已從 2022年初的 0-0.25%上升至 2023年 12月的 3.5-3.75%。

聯邦儲備系統的加息政策將對美國經濟產生一定的影響。它可能導致經濟增長放緩，但也有助於緩解通脹。

投資者需關注美國的貨幣政策走向及其對全球金融市場的影響。如果聯邦儲備系統加息過快，可能導致經濟衰退。而如果加息過慢，則可能導致通脹失控。

歐洲 增長放緩下的轉型｜歐盟國家在 2023年經歷了經濟增長的減緩，主要受到能源價格上漲和俄烏衝突的影響。2023年第三季度，歐盟的經濟增長率為 2.2%，低於 2022年同期的 2.7%。

能源價格上漲是歐盟經濟增長放緩的主要原因之一。歐盟對俄羅斯能源的依賴度較高，俄羅斯 -烏克蘭衝突導致能源價格大幅上漲，對歐盟的經濟造成了衝擊。

俄羅斯—烏克蘭衝突也是歐盟經濟增長放緩的另一個原因。衝突導致歐盟經濟受到了供應鏈中斷和需求下降的影響。根據歐盟經濟事務部（DG ECFIN）的研究，俄羅斯—烏克蘭衝突對歐洲經濟產生了重大影響。衝突導致能源價格上漲、供應鏈中斷和經濟信心下降。

能源價格上漲是衝突對歐洲經濟影響最明顯的方面。俄羅斯是歐洲重要的能源供應國，衝突導致對俄羅斯能源的依賴增加，進而推高了能源價格。

2023年，歐洲的天然氣價格上漲了超過 50%，電力價格上漲了超過 30%。能源價格上漲導致企業成本上升，最終轉嫁給消費者。

衝突也導致供應鏈中斷，影響了歐洲的製造業和服務業。俄羅斯和烏克蘭是歐洲重要的貿易夥伴，衝突導致兩國的出口中斷，進而影響了歐洲的供應鏈。2023年，歐洲的製造業產出增長放緩，服務業活動也受到了影響。

衝突也導致經濟信心下降，影響了投資和消費。企業擔心衝突對經濟的影響，因此減少了投資。消費者也擔心通脹和經濟衰退，因此減少了消費。2023年，歐洲的投資增長放緩，消費增長也放緩。

歐盟經濟事務部的研究表明，俄羅斯—烏克蘭衝突將導致歐洲經濟增長放緩。歐盟預計，2023年歐元區經濟增長率為 2.7%，

低於 2022年的 3.7%。

衝突對歐洲經濟的影響將在未來幾年內持續存在。歐盟正在採取措施應對衝擊，包括能源安全和供應鏈韌性的措施。歐盟正努力擺脫對俄羅斯能源的依賴，並實現能源轉型。這將對歐盟的經濟產生一定的影響，但也可能為歐盟的經濟發展帶來新的機遇。

投資者需關注歐盟的經濟增長前景及其對全球市場的影響。歐盟是全球經濟的重要組成部分，其經濟增長放緩可能會對全球經濟產生一定的影響。

中國 挑戰中尋求平衡｜中國經濟在 2023年面臨諸多挑戰，包括房地產市場的不穩定和 COVID-19疫情的影響。2023年第三季度，中國的經濟增長率為 4.9%，低於 2022年同期的 8.1%。

中國的房地產市場在 2023年面臨了嚴峻的挑戰。部分大型地產開發商出現了違約，導致房地產市場信心不足。

COVID-19疫情也對中國經濟產生了一定的影響。中國政府採取了嚴格的封控措，導致經濟活動受到了阻礙。

中國政府也正在推動結構性改革，以提高經濟的長期可持續性。這些改革包括：降低對房地產的依賴、推動製造業升級及發展新興產業。

中國經濟在 2024年仍將面臨一定的挑戰。房地產市場的不穩定和 COVID-19疫情的影響可能會持續存在。然而，中國政府的刺激措施和結構性改革也將為經濟增長提供一定的支撐。

日本 溫和復甦的持續｜日本經濟在 2023年繼續其溫和的復甦進程，得益於出口的增長和國內消費的穩定。

2023年第三季度，日本的經濟增長率為 2.3%，為連續第 17個

季度增長。

日本的出口在 2023年保持了強勁的增長。2023年第三季度，日本的出口增長 10.7%，為連續第 11個季度增長。強勁的出口是日本經濟增長的主要驅動力。它反映了全球經濟復甦對日本出口的提振。

日本的國內消費在 2023年也保持了穩定的增長。2023年第三季度，日本的國內消費增長 0.8%。穩定的國內消費是日本經濟復甦的重要基礎。它反映了日本消費者的購買力和信心。

日本央行在 2023年維持了寬鬆的貨幣政策。日本央行將短期利率維持在 -0.1%的水平，並繼續購買長期政府債券。寬鬆的貨幣政策將有助於支持日本經濟的復甦。

印度 快速增長的亮點｜印度經濟在 2023年保持了較快的增長速度，得益於強勁的國內需求和政府的改革措施。2023年第三季度，印度的經濟增長率為 8.4%，為連續第 10個季度增長。

印度的國內需求在 2023年保持了強勁的增長。2023年第三季度，印度的消費支出增長 8.3%。強勁的國內需求是印度經濟增長的主要驅動力。它反映了印度消費者的購買力和信心。

印度政府在 2023年出台了一系列改革措施，旨在改善營商環境和吸引外資。這些措施包括：降低稅率、簡化行政程序及加強對投資者的保護。

拉丁美洲 逐步復甦中的挑戰｜巴西和其他拉丁美洲國家在2023年經歷了經濟的逐步復甦，但政治不穩定和高通脹率仍是主要挑戰。

2023年第三季度，拉丁美洲和加勒比地區的經濟增長率為

2.4%，高於 2022年同期的 1.4%。

　　政治不穩定是拉丁美洲經濟復甦的主要挑戰之一。多個拉丁美洲國家面臨著政治動盪，這可能會對經濟產生不利影響。

　　高通脹率也是拉丁美洲經濟復甦的主要挑戰之一。拉丁美洲的通脹率在 2023年保持了高位，這可能會削弱消費者購買力，並導致社會動盪。

　　拉丁美洲經濟在 2024年仍將面臨一定的挑戰。政治不穩定和高通脹率可能會持續存在。然而，拉丁美洲國家也正在採取一些措施來應對這些挑戰，包括：加強經濟改革、提高財政透明度及改善社會保障。這些措施如果能夠取得成效，將有助於拉動經濟增長，並改善民生。

非洲 多樣化的發展格局｜非洲大陸的經濟狀況呈現出多樣化的趨勢。尼日利亞和南非等國家展現出一定的經濟增長，但其他國家則受到政治不穩定和經濟政策不確定性的影響。2023年第三季度，非洲大陸的經濟增長率為 3.8%，高於 2022年同期的 3.6%。非洲經濟增長的注視點包括：

　　1. 尼日利亞的經濟增長率為 3.4%，得益於石油出口的增長和國內消費的回升。

　　2. 南非的經濟增長率為 2.5%，得益於製造業和服務業的復甦。

　　3. 一些非洲國家面臨著政治動盪，這可能會對經濟產生不利影響。

　　4. 一些非洲國家的經濟政策存在不確定性，這可能會抑制投資和經濟增長。

總結

　　全球主要經濟體在 2023年呈現出多樣化的發展格局。各國經濟的復甦進程和挑戰因地區和國家具體狀況而異。對全球經濟來說，能源和物資供應鏈的穩定性、通脹的控制，以及地緣政治局勢的發展，將是影響其未來表現的關鍵因素。

　　投資者應密切關注這些變量，並根據全球經濟的動。美國、日本和印度等經濟體保持了較快的增長，但歐洲、中國和拉丁美洲等經濟體則面臨一定的挑戰。

　　展望 2024年，全球經濟增長將面臨一定的壓力，但仍有望保持溫和增長。

2.4 產業表現分析

在2023年，全球交易所交易基金（ETF）市場的規模達到了8.9萬億美元，較前一年增長了13%，這一增長率顯示了ETF市場的強勁動力和廣泛吸引力。美國作為全球最大的ETF市場，佔全球ETF市場規模的72%，其主導地位不僅源於其成熟的金融市場結構，還因為其創新的金融產品和投資者對ETF的廣泛接受。

投資者對ETF的偏好在2023年進一步增強，這反映了一種全球性的趨勢。ETF以其透明度高、成本效益好、交易便捷等特點，成為越來越多投資者的首選。這種偏好的轉變部分源於投資者對傳統投資工具的不滿，以及對更高效率和靈活性投資工具的需求。

全球經濟的復甦是推動ETF市場增長的另一重要因素。隨著經濟的逐步恢復，股市的上漲帶動了ETF的淨流入，尤其是股票型ETF。此外，地緣政治風險的加劇使得投資者尋求更多的避險工具，而ETF以其分散化投資的特點，成為了一種受歡迎的選擇。

在投資趨勢方面，股票型ETF的主導地位在2023年得到進一步鞏固，其在全球ETF市場中的份額超過70%。這反映了投資者對股市的信心，以及對於股票市場潛在增長的看好。同時，指數型ETF的增長勢頭依然強勁，佔全球ETF市場規模的90%以上。這種趨勢表明，投資者越來越青睞於跟踪市場指數的投資策略，尋求與市場同步的回報。

值得關注的是ESG ETF在2023年的市場表現。隨著全球對可持續投資的關注日益增加，ESG ETF吸引了大量資金流入，其市場份額超過了5%。這不僅顯示了投資者對社會責任和環境保護的重視，也反映了市場對於長期可持續投資策略的認可。

2023年全球ETF市場的增長是多方面因素共同作用的結果。從投資者對ETF的高接受度到全球經濟的復甦，再到對ESG投資的重

視，這些因素共同推動了 ETF市場的擴張。預計這些趨勢將在未來幾年內繼續影響 ETF市場的發展，並可能帶來更多創新和機遇。

ETF市場的增長也受到了技術進步的推動。例如，數字化交易平台的普及使得投資者更容易存取 ETF產品，這一點對於提高市場流動性和吸引更廣泛的投資者群體至關重要。

此外，這些平台提供的數據分析工具使投資者能夠更好地理解市場趨勢和 ETF產品的性能，從而做出更明智的投資決策。

另一方面，監管環境的變化也對 ETF市場產生了影響。各國監管機構對 ETF市場的規範越來越嚴格，這既保護了投資者的利益，也提高了市場的透明度和公平性。這種監管環境的改善有助於增強投資者對 ETF市場的信心，進一步推動資金流入。

全球化趨勢也在 ETF市場中顯現。隨著全球資本市場的進一步融合，投資者尋求跨國界的投資機會，而 ETF提供了一種便捷的方式來實現這一目標。

國際 ETF不僅使投資者能夠輕鬆投資於其他國家的市場，還提供了對新興市場和特定地區的曝光，這為投資者帶來了更多的多樣化選擇。

2023年全球 ETF市場的增長是一個多維度的現象，涉及市場結構、技術進步、監管環境和全球化趨勢等多個方面。這些因素的相互作用不僅推動了 ETF市場的擴張，也為未來的發展奠定了堅實的基礎。隨著這些趨勢的持續發展，我們可以預期 ETF市場將繼續保持其動力和創新性，為全球投資者提供更多的機會和選擇。

2024年，全球 ETF市場將繼續保持增長勢頭。預計全球 ETF市場規模將達到 9.7萬億美元。

2.5 產業表現

能源產業 | 2023年能源產業處於市場波動的最前線。地緣政治緊張局勢,特別是在石油資源豐富的地區,導致油價波動,影響全球能源成本。向再生能源的轉型仍在繼續,對綠色技術的投資勢頭強勁。然而,這種轉變也帶來了挑戰,包括需要大量的基礎建設和政策支援。

2023年,能源產業經歷了一系列的挑戰和變革,這一年的能源市場受到多重因素的影響,包括地緣政治緊張局勢、全球經濟復甦的步伐、以及可再生能源的快速發展。

石油和天然氣

由於全球經濟復甦和地緣政治事件(特別是中東地局勢),石油和天然氣價格在 2023年經歷了顯著的波動。這不僅影響了生產國的經濟,也對全球能源市場產生了深遠的影響。

俄烏衝突導致全球能源供應格局發生重大變化,俄羅斯原油和天然氣出口受到限制,而歐洲對俄羅斯能源依賴度較高,因此全球能源供應受到嚴重衝擊。另一方面,全球經濟增長放緩,緩導致能源需求下降,對油價形成一定的壓力。OPEC+在 2023年繼續增產,但增產幅度有限,也對油價形成一定的壓力。

供應鏈中斷和運輸成本的上升也對能源價格產生了壓力,尤其是在歐洲和亞洲市場。

根據國際能源署(IEA)的分析,2023年全球原油需求增長約170萬桶 /日,達到 1.016億桶 /日。而全球原油供應方面,IEA估算 2023年增長 210萬桶 /日,達到 1.012億桶 /日。這意味著 2023年全球原油市場將基本平衡,供需缺口為 40萬桶 /日。

在供應方面,OPEC+組織將繼續執行減產協議,以穩定油價

和市場預期。2023年 OPEC+的原油產量預計為 2920萬桶/日，較 2022年增加 140萬桶/日。非 OPEC+國家的原油產量預計為 7210 萬桶/日，較 2022年增加 700萬桶/日。其中，美國的原油產量預計為 1311萬桶/日，較 2022年增加 18萬桶/日。美國的原油產量增長受到政策和投資的限制，未來面臨增長瓶頸。

在需求方面，全球經濟增長放緩和能源轉型的進展導致石油需求增長減弱。尤其是在交通燃料方面，電動汽車的普及和能效提升將使汽油和柴油的需求出現下降。根據 IEA，2023年全球交通燃料的需求下降 90萬桶/日，為 5.09億桶/日。而化工原料和航空燃料的需求將繼續增長，分別為 1.38億桶/日和 860萬桶/日。

供需平衡的前景將對油價形成支撐，但也存在一些不確定性和風險，如地緣政治、經濟波動、疫情變化等。

2023年，全球天然氣供應量預計將達到 4.1萬億立方米，同比增長 4.7%。其中，美國預計將增產 1000億立方米，俄羅斯預計將減少 1000億立方米。

2023年，國際油價呈現先漲后跌的走勢。上半年，受俄烏衝突影響，油價大幅上漲，布倫特原油期貨價格一度突破 120美元/桶。下半年，隨著全球經濟增長放緩，以及 OPEC+增產，油價開始回落，布倫特原油期貨價格在年底時跌至 90美元/桶附近。

可再生能源的增長

可再生能源，特別是太陽能和風能，在2023年繼續快速發展。技術進步和生產成本的下降使得這些能源更具競爭力。

許多國家為了實現碳中和目標，加大了對可再生能源的投資和政策支持，進一步推動了這一領域的增長。根據國際能源署（IEA）的數據，2023年全球可再生能源發電量增長 16%，達到 3.0

萬億千瓦時，佔全球發電總量的 30%。其中，太陽能發電量增長28%，風電發電量增長 10%。

2023年，全球新增太陽能發電裝機容量達到 126吉瓦，佔新增發電裝機容量的 43%。其中，中國新增太陽能發電裝機容量 55吉瓦，位居第一；美國新增太陽能發電裝機容量29吉瓦，位居第二。

2023年，全球新增風電發電裝機容量達到 93吉瓦，佔新增發電裝機容量的 31%。其中，中國新增風電發電裝機容量 43吉瓦，位居第一；美國新增風電發電裝機容量27吉瓦，位居第二。

其他可再生能源，如水電、生物質能、地熱能等，也保持了較快增長。

總體而言，2023年全球可再生能源增長勢頭強勁，可再生能源在全球能源結構中的比重不斷提升。

能源轉型和碳中和

能源結構轉型：面對氣候變化的挑戰，全球能源產業加速轉型，從依賴化石燃料向更加多元化和可持續的能源結構轉變。

碳捕獲和儲存（CCS）：碳捕獲和儲存技術在 2023年獲得了進一步的發展，成為實現碳中和目標的重要工具之一。2023年，碳捕獲和儲存（CCS）技術的發展主要體現在以下幾個方面：

CCS技術的各個環節都取得了進展，捕獲效率和成本均有所下降。例如，燃煤電廠的 CCS技術捕獲效率已達到 90%以上，而天然氣發電廠的 CCS技術捕獲效率已達到 80%以上。

政策支持：各國政府紛紛出台政策支持 CCS技術的發展。例如，美國政府在 2023年推出了《降低通膨法案》，為 CCS技術提供高達 85美元的補貼。

商業化進展：全球已有 15個 CCS項目投入商業運營，總捕碳

量約為 2100萬噸。

根據國際能源署（IEA）的預測，全球 CCS捕碳量將從 2023年的 2100萬噸增長到 2030年的 4億噸，並在 2050年達到 100億噸。

中國是全球 CCS技術發展的重要力量。2023年，中國新增 CCS項目 4個，總捕碳量約為 1000萬噸。中國政府正在加大對 CCS 技術的支持力度，並制定了"十四五"期間 CCS技術發展規劃，目標是到 2025年 CCS捕碳量達到 1億噸。

CCS技術仍然面臨一些挑戰，包括：

技術成本高：CCS技術成本仍高，是其推廣應用的最大障礙。

社會接受度低：CCS技術涉及到二氧化碳的儲存，因此存在安全和環境風險，需要加強公眾的接受度。

CCS技術是應對氣候變化的一項重要技術，具有廣闊的應用前景。隨著技術進步和政策支持，CCS技術的成本將下降，社會接受度將提高，CCS技術將在全球範圍內得到更廣泛的應用。

2023年的能源產業表現反映了全球能源市場在傳統能源和可再生能源之間尋求平衡的趨勢。雖然石油和天然氣仍然是重要的能源來源，但可再生能源的快速發展和能源轉型的加速表明，全球能源市場正在逐步邁向更清潔、更可持續的未來。

醫療保健產業 ｜ 2023年表現最好的行業之一，因為它受益於對 COVID19疫苗、治療和檢測的高需求，以及醫療保健基礎設施和創新支出的增加。根據世界衛生組織（WHO）的數據，2023年全球醫療保健支出預計將達到 12.9萬億美元，佔全球 GDP的10.5%。其中，美國的醫療保健支出將達到 4.6萬億美元，佔全球醫療保健支出的三分之一以上。新藥、新療法、新器械的研發不斷取得突破，為患者提供了更有效、更安全的醫療服務。例如，細

胞基因治療、基因編輯等技術的發展，為治療癌症、遺傳性疾病等重大疾病提供了新的希望。

醫療保健產業在生技、遠距醫療和數位健康領域也出現了顯著成長。該領域的一些領先公司包括輝瑞 (Pfizer)、Moderna 和強生 (Johnson & Johnson)。

該行業面臨醫療產品供應鏈中斷和日益複雜的監管環境等挑戰，特別是在藥品定價和審批流程方面。

展望：受全球人口老化、醫療保健支出增加以及醫療技術持續創新。隨著智慧醫療的發展，遠程醫療、居家醫療等服務模式逐漸普及，為患者提供了更便利、更高效的醫療服務。

另一發展是醫療保健產業全球化，各國醫療保健產業之間的合作日益緊密，跨境醫療、醫療旅遊等新業態不斷發展。

具體而言，在各個細分領域，2023年醫療保健產業的發展情況如下：

生物製藥

生物製藥是全球醫療保健產業的核心領域，2023年生物製藥領域的發展、研發也取得突破。2023年，全球共有 10款新藥獲得 FDA 批准上市，其中包括治療癌症、遺傳性疾病、罕見病等疾病的新藥。

生物仿製藥是指與原研生物藥具有相同活性成分、相同藥理作用、相同劑型、相同給藥途徑、相同臨床安全性和有效性，但價格較低的藥品。2023年，全球生物仿製藥市場規模達到 2000億美元，預計到 2028年將達到 4000億美元。

醫療器械

醫療器械是另一個重要的醫療保健產業領域，2023年在醫療

器械領域，智慧醫療器械發展迅速。智慧醫療器械是指利用物聯網、大數據、人工智能等技術的醫療器械。2023年，智慧醫療器械市場規模達到 1000億美元，預計到2028年將達到 2000億美元。

個性化醫療器械是指針對特定患者或特定疾病開發的醫療器械。2023年，個性化醫療器械市場規模達到 500億美元，預計到2028年將達到 1000億美元。

醫療服務

醫療服務是醫療保健產業的基礎，2023年醫療服務領域的發展主要體現在遠程醫療、居家醫療等服務模式普及。遠程醫療是指利用信息技術手段，在兩個或多個地點實現醫患之間的溝通和治療。居家醫療是指在患者家中提供醫療服務。2023年，全球遠程醫療市場規模達到 1940億美元，預計到 2030年將達到 4590億美元。

醫療旅遊

醫療旅遊是指患者前往其他國家或地區接受醫療服務。2023年，全球醫療旅遊市場規模達到 1000億美元，預計到 2028年將達到 3370億美元。

消費品和服務 ｜ 受疫情影響和通貨膨脹的影響，消費者支出模式的轉變對該行業產生了不同程度的影響。

新興市場的情況好壞參半，一些國家受益於大宗商品價格上漲，而另一些國家則因外債負擔和貨幣波動而苦苦掙扎。

消費品和服務業好壞參半。一方面，奢侈品和電子產品等產業需求強勁。另一方面，由於轉向線上購物和消費者偏好的變化，嚴重依賴實體零售的產業面臨挑戰。通膨壓力也影響消費者支出

模式，進而影響該產業的整體表現。

2023年消費品和服務產業經歷了多方面的挑戰和機遇。整體而言，該行業的年增長率為3.5%，相較於2022年的4.2%有所下降。這一變化反映了全球經濟復甦的放緩以及市場需求的變化。

根據美國商務部的數據，2023年零售銷售增長了 2.8%，低於2022年的 4.1%。這一放緩部分是由於消費者信心的波動以及通脹壓力的影響。

儘管整體零售增長放緩，但電子商務銷售增長了約 6%，顯示出消費者購物行為的持續數字化趨勢。

ESG投資｜ ESG是環境 (Environmental)、社會 (Social)和公司治理 (Governance)三個關鍵字的縮寫。ESG投資是一種以企業環境、社會和治理表現當作評鑑基礎的投資方法，在投資回報的同時，促使企業落實社會責任、環境保護以及治理效率。ESG標準是一套社會責任投資的標準，旨在評估企業的社會和環境影響。

ESG投資在 2023 年繼續呈上升趨勢。在投資者需求和監管推動的推動下，ESG 因素成為投資愈來愈重要的一部分。然而，挑戰在於 ESG 指標的標準化並確保 ESG 聲明的真實性。儘管有這些挑戰，ESG 投資越來越被視為實現永續長期回報，同時為社會和環境目標做出積極貢獻的手段。

根據全球可持續投資聯盟（Global Sustainable Investment Alliance）的數據，截至 2023年，全球 ESG投資的總資產達到了約40萬億美元，較 2022年增長了約 10%。

許多國家加強了對氣候變化和社會責任的立法和監管，推動了ESG投資的增長。特別是機構投資者，如退休基金和保險公司，越來越重視 ESG因素，將其視為長期投資決策的重要組成部分。

公眾對氣候變化和社會公正問題的關注提高，推動了對 ESG投資的需求。

根據 MSCI ESG Leaders Index，2023年 ESG投資的整體表現與傳統投資相比持平或略有超越。 可再生能源、綠色科技和社會責任企業等行業在 ESG投資中表現突出。

雖然 ESG投資的標準化和測量仍然是一個挑戰，但 2023年見證了一些進展，例如更多的國際標準和評估框架的建立。對於ESG數據的需求增加，推動了數據提供商和評級機構提高數據質量和可用性。

ESG投資的快速增長也帶來了綠色洗錢的風險，即公司或基金過分宣傳其環境和社會表現。隨著政府和監管機構對 ESG披露和報告要求的加強，企業和基金面臨著更大的合規壓力。

2023年，ESG投資在全球範圍內繼續增長，成為主流投資的重要組成部分。儘管存在標準化和綠色洗錢等挑戰，ESG投資的長期趨勢顯示出對於可持續和負責任投資的持續需求。展望未來，ESG投資預計將繼續發展，隨著標準化的進一步完善和市場參與者的不斷參與，其在全球投資領域的影響力將進一步增強。

2023年全球市場的特點是謹慎樂觀，但也面臨挑戰。儘管經濟持續從疫情中復甦，但也伴隨著通膨擔憂和複雜的地緣政治情景。技術進步繼續重塑產業，ESG投資的興起標誌著永續和負責任的投資實踐的轉變。投資者應對這一情況，需要在風險管理與追求機會之間取得平衡，凸顯了在不斷發展的全球市場中適應能力和明智決策的重要性。

金融產業 | 2023年，產業面臨全球經濟復甦、貿易和科技戰、監管和治理變革等風險和挑戰，是波動和不確定的產業。傳統銀

行機構受惠於利率上升，利潤率提高。然而，該產業也面臨市場波動和金融科技競爭對手迅速崛起的挑戰。

金融科技是指利用新興技術，如人工智能、大數據、雲計算、區塊鏈等，對傳統金融業務進行改造和創新，從而提高金融服務的效率、覆蓋面和創新性。2023年，全球金融科技發展呈現以下趨勢：融資規模持續增長、投資領域更加多元化、技術創新不斷突破。在各個細分領域，支付、借貸、投資、理財、保險等領域的金融科技發展都取得了顯著進展。

根據普華永道（PwC）的預測，2023年全球金融科技融資規模將達到 2000億美元，同比增長 25%。這表明，金融科技仍然是全球資本市場的熱點領域。

在投資領域，金融科技企業主要聚焦於以下方向：

1. 利用人工智能、大數據等技術，為投資者提供定製化的投資建議。

2. 利用量化模型，自動化地進行交易。

3. 利用人工智能、大數據等技術，幫助客戶進行資產配置和管理。

4. 利用網絡、移動等技術，為客戶提供保險服務。

5. 利用人工智能、大數據等技術，提高理賠效率和準確性。

技術創新不斷突破

人工智能、大數據、區塊鏈等技術在金融科技領域的應用更加深入，推動金融科技的創新和發展。

在人工智能領域，金融科技企業主要應用人工智能技術來提升金融服務的智能化水平，如智能客服、智能風控等。

在大數據領域，金融科技企業主要應用大數據技術來提升金

融服務的個性化水平，如精準營銷、個性化推薦等。

在區塊鏈領域，金融科技企業主要應用區塊鏈技術來提升金融服務的安全性和效率，如電子票據、供應鏈金融等。

各細分領域發展情況

2023年金融科技的發展情況如下：

支付：支付科技繼續保持快速發展，非接觸式支付、行動支付等技術逐漸普及。

借貸：借貸科技發展迅速，線上借貸、小額借貸等模式受到歡迎。

投資：投資科技發展潛力巨大，智能投顧、量化交易等技術逐漸成熟。

理財：理財科技發展活力十足，智能理財、財富管理等服務受到青睞。

保險：保險科技發展迅速，遠程保險、智能理賠等模式逐漸推廣。

新興市場｜ 2023 年的新興市場呈現出多樣化的景象。拉丁美洲和非洲的一些國家等大宗商品豐富的國家受益於大宗商品價格上漲。然而，隨著投資者尋求更安全的避風港，其他國家則因貨幣波動和資本外流而加劇了外債負擔。復甦路徑的差異凸顯了全球經濟狀況對新興市場的不同影響。

流入新興市場的投資流受到多種因素的影響，包括全球風險偏好、當地經濟政策和疫情應對措施。雖然有些市場因高成長潛力吸引了大量外國投資，但有些市場則因政治不穩定或經濟脆弱而出現資金外流。

市場概況

2023年新興市場經歷了複雜的經濟景氣循環。整體而言，新興市場的平均 GDP增長率約為 4.5%，相比於 2022年的 5.2%有所下降。這一放緩反映了全球經濟復甦的不均衡性以及國際貿易環境的挑戰。

亞洲市場： 亞洲新興市場，特別是中國和印度，展現出相對較強的經濟韌性。有預測顯示中國的 GDP增長率為 5.8%，而印度則達到了 6.5%。

拉丁美洲：拉丁美洲新興市場的表現較為波動，主要受到國內政治不穩定和外部經濟條件的影響。巴西和墨西哥分別錄得 3.2%和 2.8%的增長。

非洲和中東： 非洲和中東地區的新興市場受益於原油和天然氣價格的上漲，但整體增長受到基礎設施和治理問題的限制。

市場分析

新興市場在 2023年吸引了大量外國直接投資，尤其是在技術、能源和基礎設施領域。外國直接投資總額達到了約 7800億美元。股市整體表現穩健，MSCI新興市場指數年增長約 7%，但表現在不同國家間存在顯著差異。

新興市場在 2023年面臨著複雜的國際貿易環境，包括貿易保護主義的威脅和全球供應鏈的重組。此外，多數的新興市場央行採取了謹慎的貨幣政策，以應對通脹壓力和匯率波動。

製造業和工業 │ 製造業顯示出復甦跡象，但仍面臨供應鏈中斷和材料成本上漲的挑戰。自動化和物聯網等技術的採用是一個亮點。

先進技術的整合是提高該行業效率和生產力的關鍵。 該行業的前景謹慎樂觀，回流和供應鏈多元化等趨勢預計將推動長期穩定和成長。

房地產行業│鑑於經濟的彈性和持續的通膨，世邦魏理仕將美國潛在衰退的時間推遲至 2023 年末至 2024 年第一季度，比最初的預測晚了四分之一。因此，將商業房地產投資量復甦和上限利率穩定的預測延長了大約一到兩個季度，將預期改善推遲到 2024 年。預計 2023 年投資量將同比下降 37%，2024 年將上漲 15%，而資本化率將在 2023 年剩餘時間內繼續擴張，惟速度較慢。

經濟衰退的開始時間晚於預期，也導致辦公室整體空置率達到頂峰和平均租金觸底的可能性推至 2024 年末。長期混合工作安排和經濟前景的持續不確定性導致許多租戶推遲做出租賃決定。然而，目前市場上的租戶數量表明，一旦經濟狀況穩定，租賃活動最終將反彈，從而支持辦公室復甦的開始。

工業和物流租賃超出預期，預計到年底總活動面積將達到 7.5 億平方英尺。雖然新興市場高於預期的租金成長可能會推動今年整體租金成長略低於 15%，但由於租戶需求持續落後於新建築竣工，空置率的增幅將超過最初預期。

多戶住宅的新建和吸收水準超出了年初的預測。我們對年度租金成長的預測已從最初的預期下調，主要是由於 CPI 通膨預期下降以及我們的就業前景下調。

儘管持續改善，但由於中國和日本的遊客低於預期，美國入境國際旅遊的成長速度並未達到最初的預測。這導致 CBRE 將全年酒店 RevPAR 成長預測從 6% 下調至 4.6%。

2.6 經濟政策的影響

2023年，利率大幅上升將對美國經濟帶來壓力。房價和零售銷售將下降，失業率將上升。美元兌其他貨幣持續走強將進一步擠壓企業獲利和出口銷售，限制企業投資。預計經濟成長將在2023年末放緩，溫和衰退將持續到2024年初。

最高利率

聯邦基金利率高於市場的預期，在5.25%至5.5%的範圍內，並且在2023年內保持在這一水平。一般認為降息將從2024年開始，聯邦基金利率年底將在4.5%至4.75%之間。市場也預期2023年10年期公債利率為4.0%，2024年為3.5%左右。

美國房地產行業各個子行業的表現各不相同。住宅房地產依然強勁，但商業房地產，尤其是辦公和零售空間，由於工作和購物習慣的變化而面臨挑戰。

遠距工作的轉變繼續重塑商業房地產格局，人們越來越重視靈活和混合的工作空間。行業的表現預計將與大流行後更廣泛的經濟趨勢、利率變動和不斷變化的生活方式變化密切相關。

2023年，每個產業都面臨一系列獨特的挑戰和機遇，這些挑戰和機會是由更廣泛的經濟趨勢、技術進步和不斷變化的消費者行為所形成的。

貨幣政策

2023年主要央行採取了不同的貨幣政策立場，反映出各自地區不同的經濟狀況和通膨壓力。

隨著美國經濟從疫情中強勁復甦，通膨達到1990年以來的最高水平，美國聯諸局開始縮減資產購買規模，並於2023年多次加息。由於歐元區經濟因 COVID19 病例死灰復燃和疫苗接種緩慢

而陷入困境，歐洲央行維持寬鬆貨幣政策並將利率維持在零。 隨著中國經濟面臨中美貿易戰、科技戰、科技業監管打壓、恆大債務危機等挑戰，中國人民銀行也維持貨幣政策穩健靈活。這些貨幣政策差異對追蹤不同市場和貨幣的 ETF 的表現和流量產生了重大影響。 例如，美元兌歐元和人民幣升值，使得美國市場和貨幣 ETF對外國投資者更具吸引力，而歐元區和中國市場和貨幣 ETF則遭受資本外流和表現不佳的影響。

除了加息外，一些央行也開始實行量化緊縮——透過出售量化寬鬆計劃期間購買的資產來縮小資產負債表規模。

市場流動性

2023年美國聯儲局（Fed）加快了縮減資產負債表的步伐，並開始提高利率，以對抗高通膨和經濟衰退的風險。這意味著 Fed減少了向市場注入的資金，並提高了借貸的成本，從而壓縮了市場的流動性。

2023年美國市場流動性減少的另一原因是美國政府的財政赤字和債務水平持續上升，導致了美國國債的供應過剩，而需求卻不足。由於海外和國內投資者對美國國債的興趣降低，美國國債的拍賣出現了慘淡的情況，使得國債的收益率上升，價格下跌。這也反映了美國國債市場的流動性下降。

2023年美國市場流動性減少，對股市的負面影響是可用資金的減少，使得投資者更難以融資買賣股票，增加了市場的波動性和風險。此外，由於利率的上升，也使得股票的估值受到壓力，尤其是那些依賴低資金成本和高增長的公司，例如科技股和消費股，儘管美國的龍頭科技股一再創新高。

由於流動性的緊縮，美國企業和個人的融資成本增加，消費和投資的意願減弱，從而拖累經濟的增長。這也是很多機構預測

美國短期內會陷入衰退的原因。此外，由於流動性的緊縮，也可能引發金融危機，造成信用緊縮和資產價格的暴跌，進一步削弱了經濟的穩定性。

流動性的撤出對市場波動產生了影響。隨著央行退出資產購買，系統中的流動性減少，導致各資產類別的波動性和風險溢酬增加。

產業影響

股票對貨幣政策變化的反應，是因產業而異的。例如，金融板塊股票普遍受益於利率上升，因為它們提高了銀行的淨利差。相反，在低利率環境下蓬勃發展的產業，例如科技和房地產，卻面臨阻力。由於未來獲利潛力，成長型股票對利率變化更加敏感，與更傳統行業的價值型股票相比，其表現不佳。

2023年，美國聯邦儲備委員會（Fed）連續加息 7次，聯邦基金利率從 0.25%上升至 3.5%。加息是 Fed抑制通脹的一種手段，但也會對經濟產生一系列影響，其中包括對不同行業的影響。

金融業是受加息影響最大的行業之一。加息會提高借貸成本，從而降低企業和消費者的融資需求。這會導致貸款需求下降，進而影響銀行和其他金融機構的利潤。

根據美國商務部數據，2023年第一季度，美國金融業收入同比下降 2.9%。其中，銀行業收入同比下降 3.7%，保險業收入同比下降 2.1%。

房地產也是受加息影響較大的行業。加息會提高房貸利率，從而降低購房者購房的負擔能力。這會導致房屋需求下降，進而影響房地產市場的繁榮。

根據美國房地產協會（NAR）數據，2023年第一季度，美國房屋銷量同比下降 2.2%。其中，新房銷量同比下降 2.4%，二手房銷

量同比下降 2.1%。

製造業受到加息的影響程度取決於其產品的出口比例。出口比例較高的製造業，會受到加息的負面影響。

加息會提高美元匯率，從而降低美國製造業產品的出口價格競爭力。這會導致出口需求下降，進而影響製造業的生產和就業。

根據美國商務部數據，2023年第一季度，美國製造業產出同比增長 1.3%。其中，出口增長 1.1%，進口增長 1.5%。

消費品受到加息的影響程度取決於其需求的彈性。需求彈性較小的消費品，會受到加息的負面影響。加息會提高消費者的購買成本，從而降低消費需求。這會導致消費品銷量下降，進而影響消費品企業的利潤。

根據美國商務部數據，2023年第一季度，美國消費品零售銷售同比增長 0.7%。其中，耐用品零售銷售同比增長 0.4%，非耐用品零售銷售同比增長 1.0%。

科技行業受到加息的影響程度取決於其資本密集程度。資本密集程度較高的科技企業，會受到加息的負面影響。加息會提高企業的融資成本，從而降低企業的投資能力。這會導致科技企業的研發投入減少，進而影響科技行業的創新能力。

根據美國證券交易所數據，2023年第一季度，美國科技類股指數同比下跌 10.4%。其中，納斯達克綜合指數下跌 13.3%。

2023年美國加息對不同行業的影響是複雜的，取決於各行業的具體情況。但總體而言，加息會對經濟產生一定的負面影響，包括抑制經濟增長、加劇通脹、降低企業利潤等。

財政政策

2023 年，不同國家和地區應對 COVID19 大流行的財政政策也有所不同，取決於各國政府的財政空間和政治狀況。美國政府在

2023年通過了 2兆美元的基礎設施法案和 1.8兆美元的社會支出計劃，提振了美國經濟的公共投資和消費。

歐盟也實施了 7,500億歐元的復甦基金，旨在支持歐盟經濟的綠色和數位轉型。另一方面，中國採取更穩健的財政政策，2023年財政赤字和債務率下降。這些財政政策措施對追蹤不同行業和主題的 ETF 的業績和流量產生了重大影響。

美國的基礎設施和社會支出計畫提振了專注於基礎設施、清潔能源、醫療保健和教育領域的 ETF的需求和表現。歐盟復甦基金也刺激了專注於綠色和數位領域的 ETF 的需求和表現。

中國的財政政策對追蹤房地產、消費和金融領域的 ETF的表現和流量產生了負面影響，因為它們面臨去槓桿和監管的壓力。

債券

為了應對通膨上升，許多央行提高了利率。這項轉變導致資產重估，尤其是對債券 ETF 的影響。較高的利率通常會降低現有債券的價值，導致債券 ETF 價格下跌。

股票 ETF 也對這些利率變化做出反應。對利率敏感的行業，如公用事業和房地產，受到了負面影響，而金融業的 ETF 往往受益於較高的利差。

根據美國財政部數據，2023年 1月，美國 10年期國債收益率為 2.01%，而到 12月，收益率已經上升至 3.56%。同期，美國 10年期國債價格也下跌了 10.9%。

短期債券的價格下跌幅度通常小於長期債券。這是因為短期債券的收益率更加敏感於利率的變化。因此，在加息期間，投資者通常會傾向於購買短期債券。

政府債券的價格下跌幅度通常小於公司債券，這是因為政府債券的信用風險較低。總體而言，2023年美國加息對債券的影響

是負面的。債券 ETF 是一種投資工具，它將一籃子債券進行打包，以基金形式上市交易。債券 ETF 可以分為政府債券 ETF 和公司債券 ETF 兩類。政府債券 ETF 投資於政府發行的債券，具有較低的信用風險；公司債券 ETF 投資於公司發行的債券，具有較高的信用風險。

加息會導致債券的收益率上升。債券的收益率與債券的價格成反比，即利率上升時，債券的價格下跌；利率下降時，債券的價格上漲。因此，加息會導致債券 ETF 的淨資產價值下跌。

加息會導致債券的收益率上升，從而降低債券的價格。因此，在加息期間，美國債券 ETF 的淨資產價值也會隨之下跌。

根據 FactSet 數據，2023年，iShares 20+ Year Treasury Bond ETF（TLT）的淨資產價值從 1,500億美元下跌至 1,100億美元，跌幅達 26.7%。

債券收益率是債券價格的倒數，因此加息會導致債券收益率上升。債券收益率上升意味著投資者可以獲得更高的收益，因此美國債券 ETF 的吸引力會增加。

根據美國財政部數據，2023年 1月，美國 10年期國債收益率為 2.01%，而到 12月，收益率已經上升至 3.56%。同期，iShares 20+ Year Treasury Bond ETF 的收益率也上升了 3.55%。

另一方面，加息會導致投資者對風險資產的偏好下降，從而導致債券流動性下降。債券流動性下降意味著投資者可能難以在需要時出售債券，因此美國債券 ETF 的風險會增加。

根據美國財政部數據，2023年 1月，美國 10年期國債的成交量為 3700億美元，而到 12月，成交量已經下降至 2600億美元。

從債券類型來看，短期債券 ETF 的價格下跌幅度通常小於長期債券 ETF。這是因為短期債券的收益率更加敏感於利率的變化。

根據 FactSet 數據，2023年，iShares 2年期國債 ETF（IEF）的淨

資產價值下跌了 14.1%，而 iShares 20+ Year Treasury Bond ETF（TLT）的淨資產價值下跌了 26.7%。

政府債券 ETF 的價格下跌幅度通常小於公司債券 ETF。這是因為政府債券的信用風險較低。根據 FactSet數據，iShares 2年期美國國債 ETF（AGG）的淨資產價值下跌了 11.5%，而 iShares 2年期高收益公司債券 ETF（HYG）的淨資產價值下跌了 25.2%。

總體而言，2023年加息對美國債券 ETF 的影響是負面的。加息導致債券價格下跌，美國債券 ETF 的淨資產價值也隨之下跌。

刺激措施

在許多地區，政府實施了財政刺激措施，以促進疫情後的經濟復甦。這些措施增加了消費者支出並提振了某些行業，對專注於消費品、技術和基礎設施的 ETF 產生了積極影響。

然而，政府支出增加導致公共債務水準上升，引發了對長期經濟穩定性的擔憂。由於投資者猜測未來升息和通膨，追蹤政府債券的 ETF 也受到了這些擔憂的影響。

貿易政策

2023年貿易政策環境仍緊張不確定，中美貿易與科技戰持續升級，英國脫歐後英國與歐盟貿易關係惡化。美國和中國對彼此的商品、服務和公司徵收關稅、制裁和限制，擾亂了全球供應鏈，減少了中美兩個最大經濟體之間的貿易和投資流動。

英國和歐盟也面臨北愛爾蘭協議、捕魚權、金融服務准入等各種問題的貿易摩擦和爭端。這些貿易政策衝突，對追蹤受影響市場和行業的 ETF 的業績和流通產生了重大影響。例如，中美貿易和科技戰損害了追蹤中國科技業以及美國半導體和航空航太產業的 ETF 的表現和流量。英歐貿易摩擦也損害了追蹤英國和歐盟

市場的 ETF 的表現和流量，特別是英國金融部門和歐盟農業部門。

監管政策

　　2023年的監管政策環境也發生了重大變化，許多政府和監管機構推出了新的規則和標準，以應對數位和綠色轉型的挑戰和機遇，以及社會和治理問題。例如，美國政府和監管機構加強了對 Facebook、Google 和亞馬遜等科技巨頭的市場主導地位、資料隱私和內容審核做法的審查和監管。中國政府和監管機構也加強了對科技業，特別是金融科技、電子商務和遊戲產業的控制和監管，包括金融風險、反壟斷違法行為和社會影響。歐盟也實施了新的數位和綠色法規，例如《數位服務法》、《數位市場法》和《歐洲綠色協議》，旨在在歐盟創建公平和永續的數位和綠色經濟。這些監管政策變化對追蹤受影響行業和主題的 ETF 的業績和流量產生了重大影響。例如，美國和中國的科技監管損害了追蹤科技業（尤其是美國和中國科技巨頭）的 ETF 的表現和流量。然而，歐盟數位和綠色監管提振了追蹤數位和綠色產業、尤其是歐盟數位和綠色領導企業的 ETF 的業績和流量。

　　2023年，經濟政策在塑造 ETF 市場方面發揮了至關重要的作用。貨幣和財政政策、監管變化和全球貿易動態的相互作用為 ETF 投資者創造了一個複雜的環境。了解這些政策影響對於做出明智的投資決策至關重要。隨著全球經濟格局的不斷發展，駕馭這些政策驅動的變化的能力仍然是 ETF 投資者和基金經理人的關鍵技能。

2.7 未來關注的要點

2023年，全球經濟在疫情的衝擊下逐步復甦，但仍面臨通脹、經濟衰退、地緣政治等風險。

展望2024年，全球經濟增長將放緩，但仍有望保持溫和增長。投資者需關注通脹和經濟衰退的風險，並投資於能源、食品、科技、新興市場等領域。

2023年，全球經濟在疫情的衝擊下逐步復甦。各主要經濟體的增長情況有所不同。美國經濟增長率預計為 3.7%，歐洲經濟增長率預計為 2.7%，中國經濟增長率預計為 4.4%。

展望2024年，全球經濟增長將放緩，但仍有望保持溫和增長。IMF預計，2024年全球經濟增長率為 3.3%。

通脹

通脹是 2023年全球經濟面臨的最大挑戰之一。美國的通脹率在 2023年達到 9.1%，創下 40年來新高。

歐洲的通脹率也處於高位。高通脹可能會導致經濟衰退。美聯儲等央行正在採取措施加息來控制通脹，這可能會導致經濟增長放緩。

經濟衰退是另一個可能影響全球經濟的風險。美國經濟衰退的風險在上升。如果美國經濟衰退，將對全球經濟產生連鎖反應。

投資者需關注通脹和經濟衰退的風險，並做好相應的準備。可以投資於防禦性資產，如現金、黃金、商品和債券等。

現金是一種最基本的防禦性資產。它可以保值，並且在經濟衰退期間仍然有價值。債券，例如政府債券、公司債券、高收益債券等，也是一種防禦性資產。它們提供了固定的收益，並且在經濟衰退期間通常會表現良好。

地緣政治

2024年是全球超級選舉年，有約 50個國家和地區舉行重要的選舉，涉及約 20多億人口和約 60%的全球經濟產值。這些選舉的結果將影響各國的政策方向和國際關係，並可能引發貿易戰、貨幣波動、金融危機等經濟風險。

2024年美國總統選舉是全球最重要的選舉之一，將影響美國的國內政策和國際關係，以及全球的經濟、安全和環境等領域。目前，民主黨的現任總統 拜登 和副總統 哈里斯將尋求連任，而共和黨的可能對手為前總統特朗普。

2024年歐洲議會選舉，將選出代表歐盟 28個成員國的 751名議員，並決定歐盟的領導人和政策方向。目前，歐洲議會的最大政治集團是歐洲人民黨，其次是社會民主黨和自由民主聯盟。這次選舉將面臨氣候變遷、移民、經濟復甦、數位轉型、中國崛起等挑戰和機遇。

2024年台灣總統選舉是台灣的最高層級的選舉，執政的民主進步黨的賴清德已在 1月 13日的選舉中獲選，勢將影響台灣的內政、外交和國防，以及台灣與中國大陸、美國和其他國家的關係。

2024年也是一個充滿地緣政治衝突和危機的一年，包括俄烏戰爭、中東緊張、台海局勢、美中科技戰等。這些衝突和危機將對全球的能源、貿易、投資、安全等領域造成嚴重的影響，並可能加劇全球的碎片化和分裂。

本年的地緣政治衝突和危機有以下幾個方面：

自 2022年 11月以來，俄羅斯與烏克蘭之間的軍事衝突持續升級，造成數千人死亡和數百萬人流離失所。這場戰爭不僅威脅到歐洲的安全與穩定，也影響到全球的能源供應和貿易往來。美國和歐盟對俄羅斯實施了嚴厲的經濟制裁，包括禁止進口俄羅斯的

石油和天然氣，並支持烏克蘭的主權和領土完整。俄羅斯則尋求中國的支持，並威脅要對西方採取報復措施。這場戰爭將對區域和全球的地緣政治格局產生深遠的影響。

美國和中國之間的戰略競爭在多個領域展開，包括貿易、科技、人權、台灣、南海、香港等。雙方互相指責對方違反國際規則和利益，並採取了一系列的對抗措施，如加徵關稅、制裁官員、限制投資、禁止合作等。美國還試圖聯合盟友和夥伴，如日本、澳洲、印度、歐盟等，對中國施加壓力和制衡。中國則堅持自己的發展道路和主權利益，並加強自身的軍事和外交能力。這種美中新冷戰的局面將對全球的和平與繁榮帶來嚴峻的挑戰。

中國對台灣的壓力和威脅不斷加劇，包括派遣軍機繞台、進行軍事演習、斷絕官方溝通、打壓台灣的國際空間、操縱訊息等。中國堅持要求台灣承認「九二共識」和「一個中國原則」，否則不排除使用武力統一。台灣則堅持自己的民主和自主，並拒絕接受中國的政治條件。台灣還獲得了美國和其他國家的支持和援助，如出售武器、提供疫苗、簽訂合作協議等。兩岸之間的對立和敵意將對區域的安全和穩定構成嚴重的危機。

中東方面，自 2023年 10月以來，以色列回應哈瑪斯的恐怖襲擊，攻擊加沙地帶，兩者之間的戰爭再次升級，造成數以萬計的人死亡和受傷，並引發國際社會的關注和譴責。此外還有紅海衝突，起因是葉門反政府武裝組織胡塞運動自 2023年 10月 18日起多次攻擊以色列和西方國家穿越紅海的商船，以支持巴勒斯坦的哈馬斯組織，並對抗沙烏地阿拉伯領導的聯軍。紅海衝突的影響是造成紅海國際海運貿易受到干擾，許多來往歐洲與亞洲的商船被迫避開這個水域，轉而繞過南非好望角進行航運，造成歐亞航線的運價翻倍上漲。美國和英國等國家組建了一支新的多國部隊，

以保護在紅海過境的船隻，擊落了胡塞武裝的無人機和飛彈 。胡塞武裝則威脅繼續瞄準與以色列有聯繫的船隻，並表示立場源於信仰，讓中東局勢更加緊張 。

能源和食品安全

能源和食品是人類生存的基本需求，其價格上漲將對全球經濟產生重大影響。2024年，利用人工智慧、物聯網、生物技術、數據分析等手段，提高農業生產效率、品質和可追溯性，減少食品浪費和風險，將是一個重要的投資領域。涉及食品安全和農業科技的產業和公司包括智慧農業設備、農業大數據平台、食品檢測儀器、食品保鮮技術、食品替代品、垂直農場、水培系統等。俄烏衝突導致能源和食品價格上漲。此外，全球氣候變化也可能導致能源和食品價格上漲。俄烏戰爭導致黑海港口被封鎖，阻礙了烏克蘭和俄羅斯的糧食出口，特別是小麥、玉米和葵花籽油等主要糧食作物。這兩個國家佔了世界糧食出口的 30%。

俄烏戰爭推高了國際糧食價格，尤其是小麥價格，已經超過了 2011年中東茉莉花革命前夕的水平。這對於嚴重依賴俄烏小麥的非洲和中東的一些國家來說，是一場災難。例如，埃及是世界上最大的小麥進口國，2020年，埃及從俄烏兩國進口的小麥占其總進口量的 86%。在尼日利亞，意大利面和麵包等主食的價格上漲了 50%。在也門和敘利亞，麵包的價格也大幅上漲。

俄烏戰爭影響了烏克蘭的糧食生產，戰事造成農民無法正常播種和收割，以及農業基礎設施受到破壞。烏克蘭被稱為是歐洲的糧倉，如果被俄羅斯掌控，將對歐洲的糧食安全和地緣政治產生重大影響。俄烏戰爭引發了全球糧食危機，危及聯合國世界糧食計畫署在全球提供 1.25億人食物的救援行動。

俄烏戰爭促使一些國家採取保護主義措施，限制或禁止糧食出口，以確保國內的糧食供應和價格穩定。例如，匈牙利、保加利亞和摩爾多瓦等國都宣布停止小麥出口。中國則解除了對俄羅斯的小麥進口的地區限制，以增加自身的糧食儲備。

投資者可投資能源和食品生產和供應產業上，這些產業可以從能源和食品價格上漲中受益。具體投資標的包括：能源如石油公司、天然氣公司、煤炭公司等；食品如農業公司、食品公司等。

科技創新

科技創新是推動經濟增長的重要力量。投資者可投資於科技創新相關公司。科技創新可以提高生產力、創造新的市場和就業機會。投資標的包括科技公司如半導體公司、軟體公司、硬體公司等。

人工智慧是當今最具革命性和創新性的科技之一，它將對各行各業產生深遠的影響和變革。人工智慧的應用和發展將在 2024 年繼續加速，特別是生成式人工智慧、量子科技、低軌衛星、無人機等領域。一些涉及人工智慧的產業和公司包括半導體、雲端運算、網通、光通訊、電子零組件、IC設計、自動駕駛、智慧家電、智慧城市等。

隨著全球對氣候變遷的關注和行動，乾淨能源的需求和投資將持續增加。乾淨能源包括太陽能、風能、水力、生質能、氫能、核融合等，這些能源的特點是低碳、可再生、高效。一些涉及乾淨能源的產業和公司包括電動車、電池、光伏、風電、重電、氫燃料電池、核融合等。

新興市場

　　新興市場經濟增長潛力巨大。投資者可投資於新興市場相關公司。這些公司可以從新興市場的經濟增長中受益。具體投資標的包括新興市場股票如新興市場指數基金、新興市場股票基金等；許多分析師預測，新興市場將在 2024年表現優於發達市場，因為新興市場的經濟增長、企業盈利和貨幣匯率都有望改善。新興市場的當地貨幣債券也將受惠於低利率和高通膨的環境。一些具有吸引力的新興市場包括印度、巴西、俄羅斯、南非、墨西哥、印尼、泰國、土耳其等。

　　亞洲是全球最大的經濟區域之一，也是新興市場的重要組成部分。亞洲的股票和貨幣將在 2024年受到多個因素的支持，包括疫情控制、經濟復甦、消費回升、科技創新、區域合作等。一些值得關注的亞洲國家和地區包括台灣、韓國、日本、印度、東盟等。

第三章
2024 市場前瞻

3.1 全球經濟預測

全球經濟從 COVID19疫情中復甦，但復甦的速度和程度在不同國家和地區之間有著顯著差異。發達國家可能會因為更強的財政刺激措施和有效的疫苗接種計劃而經歷較快的經濟增長。相比之下，許多新興市場則面臨更多挑戰，包括疫苗接種的滯後和有限的財政空間。如 2023年的通脹壓力持續，迫使各國央行繼續加息。加息對市場產生抑制作用，對經濟增長構成一定的風險。

國際關係與地緣政治

國際關係的緊張，特別是在主要經濟體之間的貿易關係，將繼續影響全球經濟增長。貿易政策和關稅可能會影響全球供應鏈和出口市場。而地緣政治緊張局勢，如在中東或亞太地區的衝突，可能會對能源價格和全球市場穩定性產生影響。

科技創新和數字化轉型

科技創新，尤其是在數字化、人工智慧和綠色技術領域的進步，將會成為推動某些經濟體增長的關鍵因素。

數字經濟

數字經濟的擴張，包括電子商務和遠程工作的普及，將繼續

影響勞動市場和消費模式。 數字經濟是指以數字技術為基礎，由數字產業帶動的經濟活動，以及非數字產業通過數字技術創新的經濟活動。數字技術包括資訊通訊技術、網際網路、雲端運算、大數據、人工智慧等。

數字經濟的核心是數據，是一種關鍵的生產要素，也是一種創新的驅動力。數字經濟通過數據的感知、採集、傳輸、存儲、計算、分析和應用，實現了資源的優化配置和再生，提高了生產效率和附加值，創造了新的產品、服務和商業模式。特點是快捷、高滲透、自我膨脹、邊際效益遞增、外部經濟、可持續和直接。這些特點使得數字經濟具有強大的競爭優勢，也帶來了一些挑戰和風險，如數據安全、隱私保護、數字鴻溝、數字壟斷等。

數字經濟推動了各行各業的數字化轉型，使傳統產業與新興技術融合，創造了新的產品、服務和商業模式，例如新零售、新制造、智慧物流、智慧醫療等。

數字經濟也促進了資源的優化配置和再生，提高了生產效率和附加值，同時也為環境保護和社會公平提供了新的解決方案。

數字經濟改變了消費者的需求和行為，滿足了人們對個性化、多元化和高品質的消費體驗的追求，同時也激發了人們對創新和創業的熱情。數字經濟更重塑了經濟結構和競爭格局，形成了以數據為核心的新型經濟體系，打破了傳統的行業界限和市場壁壘，促進了跨界合作和開放創新。

根據國際數據公司（IDC）的預測，2020年全球數字經濟的規模將達到 23萬億美元，佔全球 GDP的 30.5%。中國作為數字經濟的重要參與者和引領者，2020年數字經濟的規模達到 36.6萬億元，佔 GDP的 38.6%。數字經濟的發展不僅為中國經濟增長提供了強大動力，也為全球經濟復蘇和轉型貢獻了中國智慧和中國方案。

數字經濟的發展也為投資者帶來了豐富的機會。一方面，數字經濟的基礎設施建設，如 5G網絡、數據中心、工業互聯網等，需要大量的資金投入，同時也能帶來長期的回報。另一方面，數字經濟的創新應用，如電子商務、線上教育、遠程醫療、網絡安全等，能夠滿足人們多元化的需求，同時也能創造巨大的市場空間。因此，投資者可以根據自己的風險偏好和收益期望，選擇合適的數字經濟領域進行投資。

您好，這是必應。數字經濟是一個涉及多種定義和解釋的概念，但一般來說，它可以理解為以下內容：

數字經濟的發展趨勢是速度成為關鍵競爭要素，跨企業的合作成為必然選擇，行業斷層、價值鏈重構和供應鏈管理成為常態。數字經濟的發展不僅影響了各行各業的經濟結構和競爭格局，也改變了消費者的需求和行為。

綠色經濟

隨著全球對氣候變化和可持續發展的關注加深，環境友好型產業和綠色能源可能會得到進一步的發展。 綠色經濟是指一種以環境保護和資源效率為核心的經濟模式，旨在實現經濟增長和社會福祉的同時，減少對環境的負面影響。綠色經濟的原則包括促進低碳、清潔和循環的生產和消費方式，減少溫室氣體排放和資源浪費；保護和恢復自然生態系統，維護生物多樣性和生態安全；提高社會公平和包容性，減少貧困和不平等，提升人民的生活質量和幸福感。

綠色經濟對於全球永續發展具有重要的意義，它可以幫助實現聯合國的永續發展目標（SDGs）和巴黎氣候協定的承諾，同時也為經濟轉型和創新提供了新的動力和機遇。綠色經濟的發展也

為投資者帶來了豐富的機會，例如：

綠色金融：綠色金融是指將環境因素納入金融決策和監管的過程，支持綠色項目和企業的融資和投資，例如綠色債券、綠色基金、綠色保險等。綠色金融的規模在近年來持續增長，2020年全球綠色債券的發行額達到 4871億美元，創下歷史新高。綠色金融可以為投資者提供穩定的回報，同時也降低了環境風險和社會風險。

綠色能源：綠色能源是指來自可再生資源的清潔能源，例如太陽能、風能、水能、生質能等。綠色能源的發展可以減少對化石燃料的依賴，降低碳排放，同時也提高能源安全和效率。綠色能源的市場需求在近年來持續增加，預計到 2030年，全球可再生能源的裝機容量將達到 2710吉瓦，佔全球電力總量的 42%。綠色能源的發展也為投資者創造了巨大的商機，例如綠色電廠、綠色建築、綠色交通等。

綠色經濟的投資機會包那些能夠促進環境保護和資源效率的經濟活動，例如綠色能源、綠色金融、綠色基礎設施、綠色房地產、綠色農業等。

綠色能源是指來自可再生資源的清潔能源，例如太陽能、風能、水能、生質能等。綠色能源的發展可以減少對化石燃料的依賴，降低碳排放，同時也提高能源安全和效率。綠色能源的市場需求在近年來持續增加，預計到 2030年，全球可再生能源的裝機容量將達到 2710吉瓦，佔全球電力總量的 42%。綠色能源的發展也為投資者創造了巨大的商機，例如綠色電廠、綠色建築、綠色交通等。

綠色金融是指將環境因素納入金融決策和監管的過程，支持綠色項目和企業的融資和投資，例如綠色債券、綠色基金、綠色

保險等。綠色金融的規模在近年來持續增長，2020年全球綠色債券的發行額達到 4871億美元，創下歷史新高。綠色金融可以為投資者提供穩定的回報，同時也降低了環境風險和社會風險。

綠色基礎設施是指能夠提高資源效率和減少環境影響的基礎設施，例如交通或水資源。綠色基礎設施的建設可以改善城市的生活品質和競爭力，同時也為氣候變化的適應和減緩提供了解決方案。綠色基礎設施的發展需要大量的資金投入，同時也能帶來長期的回報。

綠色房地產是指能夠節約能源、水資源和材料，減少廢棄物和污染，提高室內環境品質和人員健康的房地產。綠色房地產的發展可以提高房地產的價值和吸引力，同時也為房地產業的轉型和創新提供了動力。綠色房地產的市場規模在近年來持續擴大，預計到2025年，全球綠色建築的市場價值將達到 3.6兆美元。

綠色農業是指能夠保護和恢復土壤、水資源和生物多樣性，減少化學肥料和農藥的使用，提高農業的生產力和適應性的農業。綠色農業的發展可以提高糧食的安全和質量，同時也為農民的收入和福祉提供了保障。綠色農業的投資機會包括有機農業、再生農業、智慧農業等。

綠色經濟相關的美國上市的大型 ETF有很多，以下是一些可能值得關注的 ETF：

First Trust NASDAQ Clean Edge Green Energy Index Fund (QCLN)：追蹤納斯達克清潔綠能指數，該指數包含了在太陽能、風能、生質能、電池和其他清潔能源領域的美國上市公司。

iShares Global Clean Energy ETF (ICLN)：追蹤標普全球潔淨能源指數，該指數包含了在太陽能、風能和其他替代能源領域的全球上市公司。

Invesco Solar ETF(TAN)：追蹤 MAC Global Solar Energy Index，該指數包含了在太陽能產業鏈中的全球上市公司。

政策支持

政府對環保和可持續發展的政策支持，如碳排放減少目標和綠色能源補貼，將對某些行業和市場產生重大影響。

2024年全球經濟增長預測將放緩，主要原因是主要經濟體貨幣政策的緊縮，以及俄烏戰爭、全球供應鏈中斷等因素的影響。

根據國際貨幣基金組織（IMF）的預測，2024年全球經濟增長率將從 2023年的 2.9%放緩至 2.7%。IMF表示，全球經濟在 2023年將呈現溫和復甦，但 2024年將面臨一系列問題，包括通脹高企、貨幣政策緊縮、以及地緣政治風險。IMF警告，如果這些問題加劇，全球經濟增長可能進一步放緩。

其他機構的預測也與 IMF的預測相似。例如，經濟合作暨發展組織（OECD）預測，2024年全球經濟增長率將為 2.7%。

2024年全球經濟增長預測

美國：2.3%

歐元區：2.2%

日本：2.0%

中國：5.5%

印度：7.5%

中國是主要經濟體系，預計 2024年將繼續保持增長。然而，中國經濟也面臨一些挑戰，如房地產市場下滑及地緣政治風險上升。

印度經濟預計將繼續保持快速增長，但增速將有所放緩。

其他新興市場和發展中經濟體的增長也將放緩。

根據顧問公司 Consensus Economics的綜合預測，2024年全球經濟產出預料成長 2.1%，低於 2023年的預估成長 2.4%。主要原因是消費者需求與就業市場意外強勁，使得通膨更黏著，歐美央行只好持續維持緊縮政策。

美國經濟諮商會（Conference Board）的最新經濟預測顯示，2024年全球經濟成長率將會從 2023年全年預估成長率的 2.7%，減緩為 2.4%。主要風險有兩個：通貨膨脹率和全球金融市場的穩定。

根據經濟日報的報導，2024年經濟預測，仍有機會呈現 "U" 型成長，目前產業界是幾家歡樂幾家愁，取決於各自的經營策略與資金營運。歷經 2023年全球去庫存化，2024年可望部分庫存補單效應。

彭博社總結了國際貨幣基金組織的報告，就其對金融市場的影響提供了一些見解。隨著財政和貨幣刺激的消退、供應瓶頸的持續存在以及通膨壓力的加大，全球復甦可能會失去動力。文章也強調了不同地區和群體之間的分歧和差異，需要加強政策協調與合作。

《經濟學人》根據對全球 162位經濟學家的調查，分析了2024年全球經濟的前景和挑戰。預測 2024年全球經濟將成長 3.8%，由美國引領復甦，歐洲和亞洲緊追在後。文章也討論了影響經濟格局的關鍵問題，如疫情、通貨膨脹、債務、貿易、技術和環境。

根據紐約聯邦儲備銀行的研究報告，2024年美國經濟將成長 2.5%，失業率將降至 3.5%，通膨率將穩定在 2.0%。文章也提到了影響經濟表現的因素，如消費者支出、商業投資、政府支出和利率。

國際貨幣基金組織（IMF）的最新世界經濟展望報告，2024年全球經濟預計成長 3.9%，較 2023年的 3.5%略有提升。主要原因是

疫情控制和疫苗接種的進展，以及各國的財政和貨幣政策支持。然而，報告也指出，全球經濟復甦仍面臨許多不確定性和風險，包括病毒變種、通膨壓力、貿易和地緣政治緊張等。

世界銀行的最新全球經濟展望報告，2024年全球經濟預計成長 3.2%，較 2023年的 3.8%有所放緩。主要原因是全球經濟活動已接近前疫情水準，以及部分國家的財政和貨幣政策將轉向正常化。報告也強調，全球經濟復甦仍不平衡，並呼籲加強國際合作，尤其是在疫苗分配、氣候變遷和債務救濟等方面。

根據經合組織（OECD）的最新經濟展望報告，2024年全球經濟預計成長 3.7%，較 2023年的 4.1%明顯減緩。主要原因是全球經濟已達到潛在產出，以及部分國家的財政和貨幣政策將收緊。報告也提出，全球經濟復甦仍存在巨大的不確定性和挑戰，包括疫情發展、通膨動態、貿易和技術衝突等。

總體而言，2024年全球經濟增長將放緩，但仍將保持正增長。

3.2 2024全球經濟大挑戰

根據世界經濟論壇首席經濟學家最新展望,超過 50%首席經濟學家預計今年全球經濟走弱。七成人預計 2024年地緣經濟分裂的步伐將加快。國際貨幣基金組織(IMF)預測 2024年全球增長,大部分是由新興市場帶動,而先進經濟體的增長仍然疲軟。經濟學家也預計 2024年的勞動市場和金融條件將放寬。幾乎七成的經濟學家認為,地緣政治緊張的持續影響將在 2024年加劇。這可能會在未來三年內激起全球經濟和股市的波動。專家們也預見到在未來三年內,本地化將增加,地緣經濟集團將加強,全球北方和南方之間的分歧將擴大。根據 IMF的估算,由於貿易限制的增加,全球經濟產出的潛在損失可能達到 7%,而低收入經濟體可能要承受更大的成本,可能達到 GDP的 4%。2024年全球經濟增長放緩是因為面臨以下挑戰:

疫情│疫情仍是全球經濟面臨的最大挑戰之一。儘管全球大部分地區的疫情已得到控制,但仍有部分地區面臨新一波疫情的威脅。疫情可能導致經濟活動放緩、供應鏈中斷和消費者信心下降。

通貨膨脹│通貨膨脹在全球範圍內上升,預計將在 2024年繼續上升。通貨膨脹可能導致消費者購買力下降、企業利潤減少和金融市場動盪。

債務│全球債務水平創歷史新高,預計 2024年繼續上升。高債務水平可能導致財政緊縮、經濟增長放緩和金融危機風險上升。

貿易│全球貿易增長在 2023年放緩,預計將在 2024年繼續放緩。貿易放緩可能導致全球經濟增長放緩。

技術│技術變革正在重塑全球經濟,但也可能導致一些產業的失業和社會不平等。

環境│氣候變化是全球的重大挑戰,預計將在 2024年繼續影響全球經濟。氣候變化可能導致自然災害、糧食短缺和經濟損失。

3.3 產業和產業預測

2024年將塑造消費者、能源、金融服務、醫療保健、生命科學、製造、公共部門、技術、媒體和媒體等各行業未來的主要趨勢和驅動因素會是什麼？

能源｜全球正在向可再生能源轉型。再生能源是指可持續且無排放的能源來源，例如太陽能、風能和水力發電。社會需要投資於可再生能源，並開發新的能源技術。能源安全是全球面臨的重大挑戰，企業需要採取措施提高能源安全，減少對進口能源的依賴。隨著全球對氣候變化的關注日益增加，再生能源市場預計將在2024年繼續增長。

金融服務｜金融服務業正在迅速數位化。企業需要投資於數位化，以提高效率和客戶服務。開放銀行的趨勢正在興起。企業需要準備好向客戶提供更開放的銀行服務。

醫療保健｜人口老齡化是全球面臨的重大挑戰。醫療保健企業需要準備好應對人口老齡化帶來的挑戰。醫療保健成本正在上升。醫療保健企業需要尋找新的方法來降低成本。

生命科學｜基因組學和合成生物學的進步正在推動生命科學領域的創新。企業需要投資於這些領域的創新，以保持領先地位。

個性化醫療的興起正在改變醫療保健的格局。企業需要準備好應對個性化醫療帶來的挑戰和機會。

製造業｜製造業正在向全球化發展。企業需要準備好應對全球化的挑戰和機會。此外，製造業正在迅速數位化。企業需要投資於數位化，以提高效率和競爭力。

公共部門｜公共部門正在迅速數位化。政府需要投資於數位化，以提高效率和服務水平。面對社會問題，如貧困、失業和氣候變化，正在挑戰公共部門。政府需要採取措施解決這些問題。

技術｜人工智能是一種模仿人類智能的機器學習技術。人工智能在許多行業都有應用，包括醫療保健、金融服務和製造業。隨著人工智能技術的不斷發展，該行業預計將在2024年繼續增長。

媒體｜媒體正在迅速數位化，企業需要需要更加多元化和包容，採取措施提高多元化和包容性。

雲計算｜通過網絡提供計算、存儲、應用程序和其他 IT 資源的服務。隨著企業和消費者對雲計算的採用不斷增加，該行業預計將在2024年繼續增長。

大數據｜大量、複雜且快速增長的數據。大數據在許多行業都有應用，包括零售、製造和醫療保健。隨著大數據技術的不斷發展，該行業預計將在2024年繼續增長。

物聯網｜是指將物理設備連接到互聯網的技術。物聯網在許多行業都有應用，包括製造、零售和運輸。隨著物聯網技術的不斷發展，該行業預計將在2024年繼續增長。

虛擬現實 (VR)和增強現實 (AR)｜創建虛擬世界或增強現實的技術。VR和AR在許多行業都有應用，包括娛樂、教育和醫療保健。隨著VR和AR技術的不斷發展，該行業預計將在2024年繼續增長。

電動汽車｜使用電力驅動的汽車。隨著全球對可持續交通的關注日益增加，電動汽車市場預計將在2024年繼續增長。

線上零售｜通過網絡購買商品和服務。隨著消費者對便利性和選擇的偏好不斷增加，線上零售市場預計將在2024年繼續增長。隨著人口老齡化和慢性病的增加，健康保健市場預計將在 2024年繼續增長。

產業蓬勃發展原因

這些產業蓬勃發展的原因主要有以下幾點：

1. 技術進步推動了許多行業的創新，創造了新的市場和機會。人口結構的變化，例如人口老齡化和城市化，也推動了許多行業的增長。

2. 全球化導致了市場的擴大和競爭的加劇，也為許多行業提供了新的機會。

此外，美國勞工統計局（BLS）的數據預測 2024年最熱門的 10 個工作機會（《2022-2032年就業展望》報告，2022年 5月發布），是基於以下因素：

1. 預計就業增長率最高的行業將提供最熱門的工作機會。

2. 薪資較高的工作機會往往會更受歡迎。

3. 就業前景較好的行業往往會提供更穩定的工作機會。

3.4 2024熱門工作機會

根據這些因素，BLS 預測以下工作機會在 2024年將是最熱門的：

軟體工程師｜負責設計、開發和維護軟體。隨著科技行業的快速發展，軟體工程師的需求將繼續增加。

醫療助理｜為醫生和其他醫療保健專業人員提供支持。隨著人口老齡化和醫療保健需求的增加，醫療助理的需求將繼續增加。

護理助理｜為患者提供日常護理和支持。隨著人口老齡化和醫療保健需求的增加，護理助理的需求將繼續增加。

初級保健醫師助理｜為初級保健醫師提供支持。隨著人口老齡化和醫療保健需求的增加，初級保健醫師助理的需求將繼續增加。

物理治療師｜幫助患者恢復因傷害或疾病而失去的功能。隨著人口老齡化和運動受傷的增加，物理治療師的需求將繼續增加。

牙科助理｜為牙醫提供支持。隨著人口老齡化和牙科保健需求的增加，牙科助理的需求將繼續增加。

口腔衛生員｜為患者提供口腔健康護理。隨著人口老齡化和牙科保健需求的增加，口腔衛生員的需求將繼續增加。

航空管制員｜航空管制員負責在空中交通控制塔監視和控制飛機。隨著航空旅行需求的增加，航空管制員的需求將繼續增加。

機械師｜機械師負責維護和修理機器。隨著製造業的復甦，機械師的需求將繼續增加。

電氣工人：電氣工人負責安裝、維護和修理電氣設備。隨著基礎設施的投資，電氣工人的需求將繼續增加。

工作	預計就業增長率	平均年薪
軟體工程師	31.5%	110,140美元
醫療助理	31.7%	37,480美元

護理助理	39.0%	35,560美元
初級保健醫師助理	39.5%	59,170美元
物理治療師	29.7%	90,160美元
牙科助理	29.7%	37,170 美元
口腔衛生員	32.7%	77,610 美元
航空管制員	22.8%	134,280 美元
機械師	16.6%	56,230 美元
電氣工人	10.5%	63,280 美元

　　這些數據表明，在 2024年，科技、技術、醫療保健和基礎設施行業將提供最熱門的工作機會，也是未來最熱門的產業。

第四章
2024 年 ETF 選擇範例

4.1 ETF 的選擇標準

　　ETF結合了傳統共同基金的多樣化優勢和股票的交易靈活性，為投資者提供了獨特的投資機會。本篇旨在分析 2024年選擇 ETF 的策略，幫助投資者在多變的市場環境中做出明智的決策。

宏觀經濟因素分析

　　經濟增長預測｜2024年的全球經濟預計將繼續復甦，但增長速度可能因地區而異。發達經濟體可能會經歷溫和的增長，而新興市場可能會展現更強的增長勢頭。投資者應關注全球經濟增長的主要驅動因素，包括消費者支出、企業投資和政府政策。

　　通貨膨脹趨勢｜通貨膨脹是影響 2024年投資決策的關鍵因素。高通貨膨脹環境下，投資者可能會尋求保值資產，如黃金或與通貨膨脹相關的債券 ETF。同時，應密切關注各國央行的貨幣政策，因為利率變動直接影響債券和股票市場。

　　利率環境｜預計 2024年全球利率環境將繼續受到各國央行政策的影響。在低利率環境下，債券收益率降低，使得股票和股票型ETF更具吸引力。相反，利率上升可能會使債券型 ETF更受青睞。

　　地緣政治風險｜地緣政治風險始終是全球投資的一個重要考慮因素。2024年可能出現的地緣政治事件，如貿易緊張、地區衝突或政治不穩定，都可能對特定市場或資產類別產生重大影響。

ETF特定因素分析

基礎持股研究｜深入了解 ETF持有的具體資產對於評估其潛在風險和回報至關重要。投資者應分析 ETF持股的行業分布、公司規模和地理位置，以確保其與投資目標相符。

費用比率考量｜費用比率是衡量 ETF成本效益的關鍵指標。長期來看，較低的費用比率可以顯著提高投資回報。因此，選擇費用比率低的ETF，對追求最大化投資效率投資者來說至關重要。

流動性評估｜ ETF的流動性直接影響投資者的交易成本和靈活性。高流動性的 ETF可以確保投資者在需要時快速買賣，而低流動性的 ETF可能會導致較大的買賣價差。

歷史業績分析｜雖然過去業績不是未來結果的保證，但它可提供關於 ETF在不同市場環境下表現的有價值信息。分析 ETF的歷史回報率、波動性和最大回撤，有助於評估其風險調整後的表現。

管理團隊能力｜ ETF的管理團隊對其策略和執行至關重要。投資者應考察基金經理的經驗、專業知識和過往業績，以評估其管理能力。

其他考慮因素

多元化策略｜多元化是降低投資組合風險的關鍵。通過投資於不同資產類別、行業和地區的 ETF，可以有效分散風險。例如，結合股票型、債券型和商品型 ETF，可以在不同市場條件下保持穩定的表現。

個人投資目標｜投資者的個人目標、風險承受能力和投資時間框架應是選擇 ETF的主要考慮因素。例如，尋求長期增長的投資者可能偏好股票型 ETF，而尋求穩定收入的投資者可能更傾向於債券型 ETF。

主題和趨勢｜投資於反映特定主題或趨勢的 ETF可以提供對新興市場的曝光。例如，可持續能源、人工智能和醫療保健等領域的 ETF可能在未來幾年內表現出色。

ESG因素｜對於越來越多的投資者來說，環境、社會和治理（ESG）因素在投資決策中發揮著重要作用。投資於符合 ESG標準的 ETF不僅可以實現財務回報，還可以實現社會和環境效益。

市場趨勢和未來展望

市場趨勢｜隨著全球經濟的發展和變化，某些行業和資產類別可能會表現出色。投資者應密切關注市場趨勢，如技術創新、消費模式變化和全球化進程，這些都可能影響特定 ETF的表現。

技術創新｜技術的進步，如區塊鏈和人工智能，可能會推動某些行業的增長。投資於這些領域的 ETF可能提供高增長潛力。

全球經濟整合｜隨著全球經濟合作的重組，一些跨國 ETF可能會提供更多的投資機會。這些 ETF可以幫助投資者利用全球範圍內的增長機會。

監管變化｜監管政策的變化可能會影響特定 ETF的吸引力。例如，環境法規的加強可能會促進綠色能源 ETF的增長。

總結

綜上所述，2024年 ETF的選擇應基於對宏觀經濟因素和 ETF特定因素的全面分析。投資者應考慮經濟增長、通貨膨脹、利率和地緣政治風險等宏觀因素，同時關注 ETF的基礎持股、費用比率、流動性、歷史業績和管理團隊。此外，多元化策略、個人投資目標、主題趨勢和 ESG因素也是重要的考慮因素。通過綜合考慮這些因素，投資者可以做出更明智的 ETF選擇，以實現長期投資目標。

4.2 股票 ETF：分析和選擇

　　根據之前的標準、評級、表現和潛力 ， 以下是 2024年值得注意的 ETF選擇（全部數據截至2024年1月25日）：

VanEck Semiconductor ETF（SMH）

　　VanEck 半導體 ETF（SMH）該 ETF 追蹤半導體產業的表現，預計該產業將受益於科技、汽車、工業和消費等各個產業對晶片需求的不斷增長。主要投資於以下公司：Intel、TSMC、Nvidia、Qualcomm、AMD。2024 年 1 月 24 日，一年回報率為 59.74%。費用率為 0.35%。

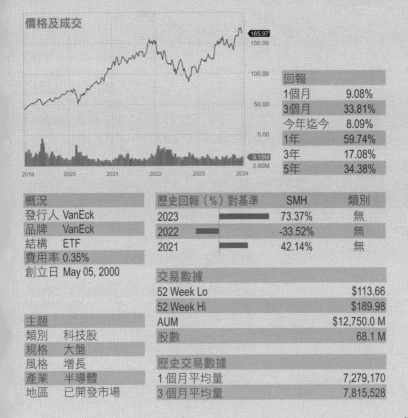

回報	
1個月	9.08%
3個月	33.81%
今年迄今	8.09%
1年	59.74%
3年	17.08%
5年	34.38%

概況	
發行人	VanEck
品牌	VanEck
結構	ETF
費用率	0.35%
創立日	May 05, 2000

歷史回報（%）對基準		SMH	類別
2023		73.37%	無
2022		-33.52%	無
2021		42.14%	無

主題	
類別	科技股
規格	大盤
風格	增長
產業	半導體
地區	已開發市場

交易數據	
52 Week Lo	$113.66
52 Week Hi	$189.98
AUM	$12,750.0 M
股數	68.1 M

歷史交易數據	
1 個月平均量	7,279,170
3 個月平均量	7,815,528

Vanguard S&P 500 ETF（VOO）

先鋒標普 500 ETF（VOO）該 ETF 追蹤標準普爾 500 指數的表現，這是美國股市廣泛使用的基準。該 ETF 為美國規模最大的 ETF，提供低成本、多元化的投資。該 ETF 獲得晨星（Morningstar）的五星級評級。2024 年 1 月 24 日，一年回報率為 22.99%。該 ETF 的追蹤誤差很小，在過去 10 年裡，其追蹤誤差平均為 0.05%。

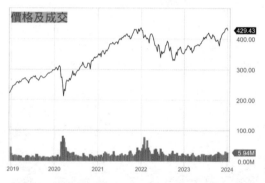

價格及成交

回報	
1個月	2.37%
3個月	15.62%
今年迄今	2.02%
1年	22.99%
3年	9.88%
5年	14.96%

概況	
發行人	Vanguard
品牌	Vanguard
結構	ETF
費用率	0.03%
創立日	Sep 07, 2010

歷史回報（%）對基準		VOO	類別
2023		26.32%	無
2022		-18.19%	無
2021		28.78%	無

交易數據	
52 Week Lo	$344.23
52 Week Hi	$445.92
AUM	$384,920.0 M
股數	868.3 M

主題	
類別	大型增長股票
規格	大盤股
風格	混合
地區	北美（一般）
地區	美國（具體）

歷史交易數據	
1 個月平均量	5,213,040
3 個月平均量	4,910,038

Invesco S&P 500® Equal Weight ETF（RSP）

　　RSP 與等權重指數掛鉤，這意味著成分公司獲得大致相等的分配，故此風險敞口比 SPY 等其他替代方案更加平衡，從長遠來看，這種方法會增加價值。該指數包括美國信息技術行業的股票。

　　小型股有望從經濟復甦中受益，而 RSP 的等權重方法與市值加權替代方案相比降低了集中風險。截至 2024 年 1 月 24 日，一年回報率為 6.81%。其費用率為 0.20%。

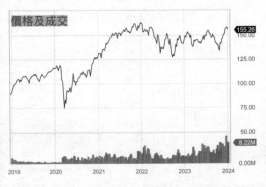

回報	
1個月	-0.18%
3個月	14.83%
今年迄今	-0.68%
1年	6.81%
3年	7.81%
5年	11.95%

概況	
發行人	Invesco
品牌	Invesco
結構	ETF
費用率	0.20%
創立日	Apr 24, 2003

主題	
類別	大盤混合股
規格	多元股
風格	混合
地區	北美（一般）
地區	美國（具體）

歷史回報（%）對基準		RSP	類別
2023		13.70%	無
2022		-11.62%	無
2021		29.41%	無

交易數據	
52 Week Lo	$132.82
52 Week Hi	$158.60
AUM	$49,139.9 M
股數	315.3 M

歷史交易數據	
1 個月平均量	6,572,545
3 個月平均量	7,063,690

Vanguard S&P 500 Value ETF（VOOV）

　　VOOV 提供對美國股市中表現出價值特徵的大型公司的投資。VOOV 與一個由大約 340 隻股票組成的指數掛鈎，曝險主要偏向金融、能源和工業股。由於該基金穩健的多元化水平和低廉的價格，投資者絕對可以將 VOOV 作為其投資組合的重要組成部分。

　　VOOV 提供了投資標準普爾 500 指數中被低估公司的機會。截至 2024 年 1 月 24 日，一年回報率為 15.95%，其費用率為 0.10%。

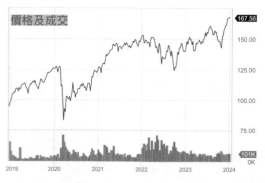

價格及成交

167.56

回報	
1個月	0.56%
3個月	16.06%
今年迄今	-0.02%
1年	15.95%
3年	12.34%
5年	12.77%

概況	
發行人	Vanguard
品牌	Vanguard
結構	ETF
費用率	0.10%
創立日	Sep 07, 2010

歷史回報（%）對基準	VOOV	類別
2023	22.16%	無
2022	-5.39%	無
2021	24.85%	無

交易數據	
52 Week Lo	$135.11
52 Week Hi	$169.37
AUM	$4,146.1 M
股數	24.8 M

主題	
類別	大盤混合股
規格	大盤股
風格	混合
地區	北美（一般）
地區	美國（具體）

歷史交易數據	
1 個月平均量	98,930
3 個月平均量	96,971

iShares International Select Dividend ETF（IDV）

　　IDV 提供的風險敞口與 EFA 和 VEA 等基金相似，但有一些細微差別。最重要的是對支付股息的公司的關注，將風險敞口轉向某些行業的價值公司，對於尋求提高當前回報或微調風險敞口的投資者來說具有吸引力。IDV 的投資範圍包括歐洲、亞洲和拉丁美洲的 100 家大型股公司。這些公司主要來自金融、醫療保健、工業和消費等行業，是增加國際多元化投資的選擇。截至 2024 年 1 月 24 日，一年回報率為 -0.47%，其費用率為 0.51%。

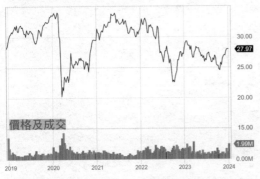

回報	
1個月	-2.18%
3個月	12.46%
今年迄今	-2.43%
1年	-0.47%
3年	2.82%
5年	4.65%

概況	
發行人	Blackrock Financial Management
品牌	iShares
結構	ETF
費用率	0.51%
創立日	Jun 11, 2007

主題	
類別	全球股
規格	多元股
風格	混合
地區	已開發市場
地區	廣泛（具體）

歷史回報（%）對基準		IDV	類別
2023	■	10.38%	無
2022	■	-6.31%	無
2021	■	12.02%	無

交易數據	
52 Week Lo	$24.01
52 Week Hi	$28.17
AUM	$4,156.8 M
股數	152.6 M

歷史交易數據	
1 個月平均量	1,127,610
3 個月平均量	936,711

Vanguard Long-Term Treasury ETF（VGLT）

　　VGLT 先鋒長期國債指數基金 ETF 追蹤彭博巴克萊美國長期國債指數的表現，該指數由期限為 10 年或以上的美國國債組成。該 ETF 提供低成本、高品質的長期政府公債市場曝險，可為投資組合提供安全、穩定和多元化。該 ETF 獲得晨星公司四星評級，截至 2024 年 1 月 24 日，一年回報率為 -6.64%。其費用率為 0.04%。

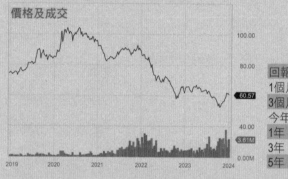

價格及成交

回報	
1個月	-4.01%
3個月	13.41%
今年迄今	-4.39%
1年	-6.64%
3年	-11.73%
5年	-2.16%

概況	
發行人	Vanguard
品牌	Vanguard
結構	ETF
費用率	0.04%
創立日	Nov 19, 2009

歷史回報（%）對基準	VGLT	類別
2023	3.29%	無
2022	-29.35%	無
2021	-4.98%	無

交易數據	
52 Week Lo	$51.41
52 Week Hi	$65.34
AUM	$10,009.2 M
股數	169.2 M

主題	
類別	政府債券
規格	債券
債券期限	長期
地區	北美（一般）
地區	美國（具體）

歷史交易數據	
1 個月平均量	3,312,375
3 個月平均量	3,217,167

iShares Core U.S. Aggregate Bond ETF（AGG）

　　iShares 核心美國綜合債券 ETF 追蹤彭博巴克萊美國綜合債券指數的表現，該指數涵蓋整個美國投資等級債券市場，包括政府、企業和抵押貸款支持證券。該 ETF 提供了對美國核心債券市場的低成本和多元化投資，可作為平衡投資組合的基礎。該 ETF 獲得晨星公司四星評級，截至 2024 年 1 月 24，一年回報率為 1.30%。其費用率為 0.03%。

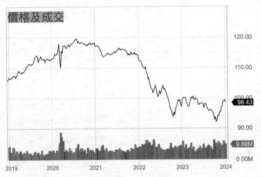

價格及成交

回報	
1個月	-0.88%
3個月	7.41%
今年迄今	-1.30%
1年	1.30%
3年	-3.52%
5年	0.77%

概況	
發行人	Blackrock Financial Management
品牌	iShares
結構	ETF
費用率	0.03%
創立日	Sep 22, 2003

主題	
類別	全債券市場總量
規格	債券
債券期限	長期
地區	北美（一般）
地區	美國（具體）

歷史回報（%）對基準		AGG	類別
2023		5.65%	無
2022		-13.02%	無
2021		-1.77%	無

交易數據	
52 Week Lo	$90.79
52 Week Hi	$99.70
AUM	$101,049.0 M
股數	1,029.5 M

歷史交易數據	
1 個月平均量	8,635,345
3 個月平均量	9,418,355

SPDR Bloomberg Emerging Markets Local Bond ETF（EBND）

　　SPDR 投資組合新興市場本地債券 ETF 追蹤彭博巴克萊新興市場本幣政府多元化指數的表現，該指數由新興市場以本幣計價的政府債券組成。該 ETF 為新興市場債券市場提供低成本且多元化的投資機會，與已開發市場債券市場相比，該等市場可提供更高的收益率和更低的相關性。該 ETF 獲得晨星公司四星評級，截至 2024 年 1 月 24 日，一年回報率為 1.60%。其費用率為 0.30%。

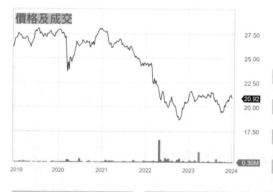

回報	
1個月	-1.99%
3個月	7.93%
今年迄今	-2.45%
1年	1.60%
3年	-5.03%
5年	-0.76%

概況	
發行人	State Street
品牌	SPDR
結構	ETF
費用率	0.30%
創立日	Feb 23, 2011

主題	
類別	新興市場債券
規格	債券
債券期限	全期
地區	汎亞（一般）
地區	太平洋地區（日本除外）

歷史回報（%）對基準		EBND	類別
2023		9.00%	無
2022		-11.84%	無
2021		-9.67%	無

交易數據	
52 Week Lo	$18.98
52 Week Hi	$21.35
AUM	$1,908.4 M
股數	91.9 M

歷史交易數據	
1 個月平均量	280,140
3 個月平均量	306,560

Vanguard Total Bond Market ETF（BND）

iShares 核心美國綜合債券 ETF 追蹤彭博巴克萊美國綜合債券指數的表現，該指數涵蓋整個美國投資等級債券市場，包括政府、企業和抵押貸款支持證券。該 ETF 提供了對美國核心債券市場的低成本和多元化投資，可作為平衡投資組合的基礎。該 ETF 獲得晨星公司四星評級，截至 2024 年 1 月 24 日，一年回報率為 1.42%。其費用率為 0.03%。

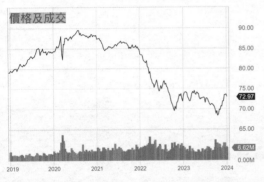

回報	
1個月	-1.01%
3個月	7.27%
今年迄今	-1.26%
1年	1.42%
3年	-3.53%
5年	0.82%

概況
發行人	Vanguard
品牌	Vanguard
結構	ETF
費用率	0.03%
創立日	Apr 03, 2007

主題
類別	全債券市場總量
規格	債券
債券期限	全期
地區	北美（一般）
地區	美國（具體）

歷史回報（%）對基準		BND	類別
2023		5.66%	無
2022		-13.11%	無
2021		-1.86%	無

交易數據
52 Week Lo	$67.41
52 Week Hi	$73.92
AUM	$104,669.0 M
股數	1,441.5 M

歷史交易數據
1 個月平均量	7,117,085
3 個月平均量	7,460,099

Schwab U.S. TIPS ETF（SCHP）

　　SCHP 將至少 90% 的淨資產投資於 Bloomberg US Treasury Inflation-Linked Bond Index（Series-L）所包含的證券。該指數包括所有公開發行的美國國債通膨保值證券（TIPS），這些證券至少還剩一年到期，被評為投資等級且未償付面值達到或超過 5 億美元。指數中的 TIPS 必須以美元計價，且必須是固定利率且不可兌換。利用國債通膨保值證券（TIPS）對沖通膨，本金和利息支付隨通貨膨脹調整，保護購買力。截至 2024 年 1 月 24 日，一年回報率為 1.19%。費用率為 0.03%。

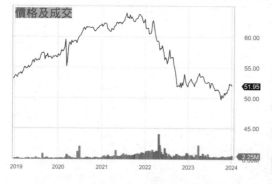

回報	
1個月	-0.56%
3個月	4.57%
今年迄今	-0.71%
1年	1.19%
3年	-1.35%
5年	2.87%

概況	
發行人	Charles Schwab
品牌	iSchwab
結構	ETF
費用率	0.03%
創立日	Aug 05, 2010

主題	
類別	抗通膨債券
規格	債券
債券期限	全期
地區	北美（一般）
地區	美國（具體）

歷史回報（%）對基準	SCHP	類別
2023	3.91%	無
2022	-12.02%	無
2021	5.86%	無

交易數據	
52 Week Lo	$49.04
52 Week Hi	$52.56
AUM	$11,488.0 M
股數	221.1 M

歷史交易數據	
1 個月平均量	1,499,070
3 個月平均量	1,601,495

Invesco Senior Loan ETF（BKLN）

BKLN 是追蹤 Morningstar LSTA US Leveraged Loan 100 Index 的 ETF。該指數衡量美國 100 家最大和最流動的高收益貸款的表現。BKLN 的投資範圍包括美國的銀行、非金融企業和政府機構發行的高收益貸款。這些貸款的利率通常較高，但違約風險也較高。

向信用評級較低的公司提供貸款，則其收益率可能高於傳統債券。提供多元化收益和資本增值潛力。截至 2024 年 1 月 24 日，一年回報率為 9.09%。費用率為 0.65%。

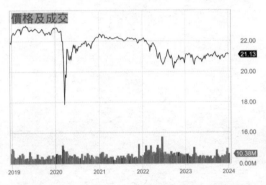

價格及成交	
	21.13
	22.00
	20.00
	18.00
	16.00
	10.38M
	0.00M

回報	
1個月	0.12%
3個月	3.31%
今年迄今	0.02%
1年	9.09%
3年	3.71%
5年	3.90%

概況	
發行人	Invesco
品牌	Invesco
結構	ETF
費用率	0.65%
創立日	Mar 03, 2011

歷史回報（%）對基準	BKLN	類別
2023	12.53%	無
2022	-2.51%	無
2021	2.32%	無

交易數據	
52 Week Lo	$18.87
52 Week Hi	$21.10
AUM	$6,380.3 M
股數	302.8 M

主題	
類別	高收益債券
規格	債券
債券期限	全期
地區	已開發市場
地區	廣泛（具體）

歷史交易數據	
1 個月平均量	7,943,530
3 個月平均量	8,267,190

Xtrackers USD High Yield Corporate Bond ETF（HYLB）

Xtrackers 美元高收益公司債 ETF 通常將至少 80% 的淨資產以及用於投資目的的借款，投資於高收益公司債。

主要投資於信用評級低於投資級（即 BBB 級或以下）的美國公司債券，通常提供比投資級債券更高的收益率，但也有著更高的違約風險。投資集中於特定行業（即持有其總資產的 25% 或以上），適合對高收益債券風險有承擔能力並尋求高收益回報的投資者。截至 2024 年 1 月 24 日，一年回報率為 7.92%。費用率為 0.05%。

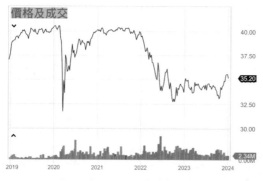

回報	
1個月	-0.39%
3個月	8.69%
今年迄今	-0.37%
1年	7.92%
3年	1.10%
5年	3.67%

概況	
發行人	DWS
品牌	Xtrackers
結構	ETF
費用率	0.05%
創立日	Dec 07, 2016

主題	
類別	高收益債券
規格	債券
債券期限	中期
地區	北美（一般）
地區	美國（具體）

歷史回報（%）對基準		HYLB	類別
2023		12.02%	無
2022		-10.81%	無
2021		3.93%	無

交易數據	
52 Week Lo	$31.68
52 Week Hi	$35.83
AUM	$3,432.2 M
股數	96.8 M

歷史交易數據	
1 個月平均量	1,821,660
3 個月平均量	2,505,584

Invesco Optimum Yield Diversified Commodity Strategy No K-1 ETF（PDBC）

　　PDBC 追蹤 DBIQ 最適收益多元化商品指數超額回報的表現，該指數由能源、農業、工業金屬和貴金屬領域的 14 種商品組成。該 ETF 提供了對廣泛商品市場的低成本和多元化投資，並採用最佳滾動策略，旨在最大限度地減少期貨溢價的負面影響，並最大限度地提高現貨溢價的積極影響。截至 2024 年 1 月 24 日，一年回報率為 -8.12%。其費用率為 0.59%。

價格及成交

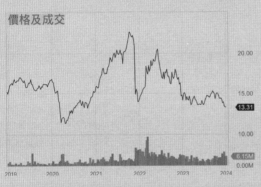

13.31

6.15M
0.00M

回報	
1個月	-0.22%
3個月	-7.39%
今年迄今	0.60%
1年	-8.12%
3年	15.72%
5年	8.94%

概況

發行人	Invesco
品牌	Invesco
結構	ETF
費用率	0.59%
創立日	Nov 07, 2014

主題

類別	商品
商品類別	商品
商品類型	多元化
商品	廣泛
商品風險	期貨為主

歷史回報（%）對基準		PDBC	類別
2023		-6.27%	無
2022		19.25%	無
2021		14.86%	無

交易數據

52 Week Lo	$12.68
52 Week Hi	$14.74
AUM	$4,543.0 M
股數	342.4 M

歷史交易數據

1 個月平均量	4,884,935
3 個月平均量	5,352,652

iShares U.S. ETF Trust iShares GSCI Commodity Dynamic Roll Strategy ETF（COMT）

COMT 追蹤標普高盛動態滾動（美元）總回報指數的表現，該指數由能源、農業、工業金屬、貴金屬和畜牧業領域的 24 種商品組成，為廣泛的商品市場提供低成本和多元化的投資，並採用動態滾動策略，旨在減少期貨溢價的影響，提高現貨溢價的回報。截至 2024 年 1 月 24 日，一年回報率為 -6.36%。其費用率為 0.48%。

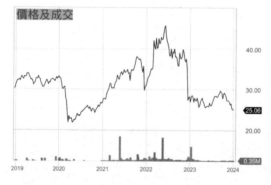

回報	
1個月	0.36%
3個月	-8.41%
今年迄今	1.44%
1年	-6.36%
3年	14.48%
5年	5.89%

概況	
發行人	Blackrock Financial Management
品牌	iShares
結構	ETF
費用率	0.48%
創立日	Oct 15, 2014

主題	
類別	商品
規格	多元股
風格	混合
地區	已開發市場
地區	廣泛（具體）

歷史回報（%）對基準		COMT	類別
2023		-6.51%	無
2022		18.91%	無
2021		36.95%	無

交易數據	
52 Week Lo	$23.78
52 Week Hi	$28.38
AUM	$630.4 M
股數	24.9 M

歷史交易數據	
1 個月平均量	251,170
3 個月平均量	265,427

abrdn Bloomberg All Commodity Strategy K-1 Free ETF（BCI）

BCI 追蹤彭博商品指數總回報的表現，該指數由能源、農業、工業金屬、貴金屬和畜牧業領域的 23 種商品組成。此 ETF 為廣泛的商品市場提供低成本、多元化的投資機會，並採用平衡且透明的權重方案，反映每種商品的經濟重要性和流動性。BCI 雖然追蹤一個指數，但基金經理可以根據市場狀況動態調整投資比例，以追求更高的總回報。截至 2024 年 1 月 24 日，一年回報率為 -8.90%。其費用率為 0.26%。

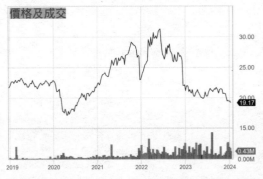

價格及成交

回報	
1個月	-1.13%
3個月	-6.48%
今年迄今	-0.52%
1年	-8.90%
3年	9.34%
5年	5.67%

概況	
發行人	Abrdn Plc
品牌	abrdn
結構	ETF
費用率	0.26%
創立日	Mar 30, 2017

歷史回報（%）對基準		BCI	類別
2023		-8.79%	無
2022		15.20%	無
2021		25.85%	無

交易數據	
52 Week Lo	$18.63
52 Week Hi	$21.18
AUM	$789.7 M
股數	41.4 M

主題	
類別	商品
商品類別	商品
商品類型	多元化
商品	廣泛
商品風險	期貨為主

歷史交易數據	
1 個月平均量	494,400
3 個月平均量	410,608

iShares S&P GSCI Commodity-Indexed Trust（GSG）

　　GSG 所追蹤之指數為 S&P GSCI Total Return index，以指數期貨契約複製商品標的之報酬。 S&P GSCI Total Return Index 追蹤 24 個不同商品的績效，大約有 67% 的投資在能源類、16% 在農業類、7% 在工業金屬類、7% 在牲畜類，以及 3% 在貴金屬類。

　　對能源、金屬和農業等主要商品產業的曝險最廣泛，提供多元化並降低集中度風險。截至 2024 年 1 月 24 日，GSG 的 1 年回報為 -4.68% 12。費用率為 0.75%。

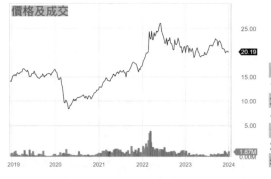

價格及成交

回報	
1個月	1.28%
3個月	-8.12%
今年迄今	2.64%
1年	-4.68%
3年	17.26%
5年	6.36%

概況	
發行人	Blackrock Financial Management
品牌	iShares
結構	商品
費用率	0.75%
創立日	Jul 10, 2006

主題	
類別	商品
商品類別	商品
商品類型	多元化
商品	廣泛
商品風險	期貨為主

歷史回報（%）對基準		GSG	類別
2023		-5.51%	無
2022		24.08%	無
2021		38.77%	無

交易數據	
52 Week Lo	$18.65
52 Week Hi	$22.95
AUM	$920.5 M
股數	45.3 M

歷史交易數據	
1 個月平均量	734,8505
3 個月平均量	915,651

VanEck Gold Miners ETF（GDX）

　　該 ETF 以複製成份股的方式來追求 AMEX Gold Miners index 的績效表現。GDX 將投資所有包含於標的指數下的股票，並按照該股在標的指數中的比例來調整投資比重，但在特殊情況下會用抽樣的方式來挑選標的股票。AMEX Gold Miners index 所包含的標的為開採黃金、白銀的採礦業公司。GDX 透過投資領先的金礦公司來提供潛在的資本增值和金價走勢的槓桿作用。費用率較高（0.51%），截至 2024 年 1 月 24 日，該 ETF 的回報為 -11.45%。

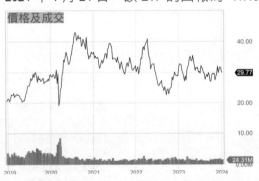

回報	
1個月	-10.55%
3個月	-2.68%
今年迄今	-8.96%
1年	-11.45%
3年	-5.55%
5年	8.00%

概況	
發行人	VanEck
品牌	VanEck
結構	ETF
費用率	0.51%
創立日	May 16, 2006

主題	
類別	材料
規格	股票
商品類型	多元化
地區	已開發市場
地區	廣泛（具體）

歷史回報（%）對基準		GDX	類別
2023		9.96%	無
2022		-8.98%	無
2021		-9.52%	無

交易數據	
52 Week Lo	$25.21
52 Week Hi	$35.67
AUM	$11,390.2 M
股數	412.2 M

歷史交易數據	
1 個月平均量	21,675,250
3 個月平均量	24,052,616

First Trust Global Tactical Commodity Strategy Fund（FTGC）

FTGC 是一檔積極管理的基金，投資於多種商品，包括能源、金屬和農產品，旨在捕捉全球商品市場的整體表現。

採用靈活的投資策略，根據市場條件和商品價格趨勢調整其投資組合。通過分散投資於不同類型的商品來管理風險，並可能使用衍生品來對沖部分市場風險。費用率較高（0.95%）。截至 2024 年 1 月 24 日，該 ETF 的回報為 -4.19%。

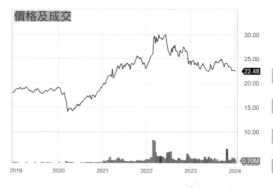

回報	
1個月	0.93%
3個月	-3.99%
今年迄今	1.78%
1年	-4.19%
3年	12.45%
5年	8.73%

概況	
發行人	First Trust
品牌	First Trust
結構	ETF
費用率	0.95%
創立日	Oct 22, 2013

歷史回報（%）對基準		FTGC	類別
2023		-5.36%	無
2022		17.41%	無
2021		27.93%	無

交易數據	
52 Week Lo	$21.25
52 Week Hi	$24.64
AUM	$2,245.6 M
股數	99.2 M

主題	
類別	商品
商品類別	商品
商品類型	多元化
商品	廣泛
商品風險	期貨為主

歷史交易數據	
1 個月平均量	1,399,580
3 個月平均量	1,279,614

abrdn Bloomberg All Commodity Longer Dated Strategy K-1 Free ETF（BCD）

　　BCD 是被動管理的，以追蹤廣泛的商品市場指數的表現。 該基金的目標是通常還有 27 個月到期的期貨合約。

　　投資於各種商品的長期期貨合約，可能從期貨溢價情況中受益。提供超出近期價格波動的風險敞口。由於合約期限較長和 K1 稅收影響，費用比率較高（0.30%）。截至 2024 年 1 月 24 日，該 ETF 的回報為 -8.44%。

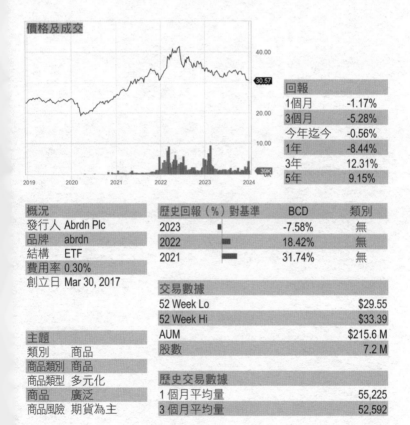

回報	
1個月	-1.17%
3個月	-5.28%
今年迄今	-0.56%
1年	-8.44%
3年	12.31%
5年	9.15%

概況	
發行人	Abrdn Plc
品牌	abrdn
結構	ETF
費用率	0.30%
創立日	Mar 30, 2017

主題	
類別	商品
商品類別	商品
商品類型	多元化
商品	廣泛
商品風險	期貨為主

歷史回報（%）對基準	BCD	類別
2023	-7.58%	無
2022	18.42%	無
2021	31.74%	無

交易數據	
52 Week Lo	$29.55
52 Week Hi	$33.39
AUM	$215.6 M
股數	7.2 M

歷史交易數據	
1 個月平均量	55,225
3 個月平均量	52,592

Global X Cloud Computing ETF（CLOU）

Global X 雲端運算 ETF 追蹤 Indxx 全球雲端運算指數的表現，該指數由涉及雲端運算產業的公司組成，例如基礎設施、平台、軟體和安全供應商。該 ETF 為雲端運算市場提供了低成本且集中的投資機會，在數據儲存、處理和分析需求不斷增長的推動下，雲端運算市場預計將在未來幾年快速增長。截至 2024 年 1 月 24 日，一年回報率為 28.73%。其費用率為 0.68%。

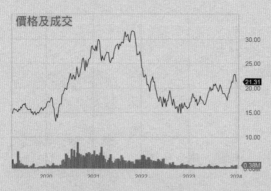

價格及成交

回報	
1個月	-0.31%
3個月	25.52%
今年迄今	0.26%
1年	28.73%
3年	-6.85%
5年	N/A

概況

發行人	Mirae Asset Global Investments Co
品牌	Global X
結構	ETF
費用率	0.68%
創立日	Apr 12, 2019

主題

類別	科技股
規格	多元股
風格	增長
地區	北美（一般）
地區	美國（具體）

歷史回報（%）對基準		CLOU	類別
2023		41.36%	無
2022		-39.56%	無
2021		-3.29%	無

交易數據

52 Week Lo	$16.00
52 Week Hi	$23.09
AUM	$661.6 M
股數	29.2 M

歷史交易數據

1 個月平均量	394,800
3 個月平均量	261,011

ARK Innovation ETF（ARKK）

　　ARKK 追蹤的指數是 ARK Innovation ETF Index，是 ARK Invest 發行的主動型 ETF。該指數旨在追蹤與破壞性創新相關的股票表現。ARKK 的投資策略是投資具有「破壞性創新」潛力的科技公司，即能夠顛覆傳統產業，並創造出新的市場和需求的技術。ARKK 的投資組合涵蓋了廣泛的創新領域，包括人工智慧、基因組學、機器人技術、能源儲存等。截至 2024 年 1 月 24 日，一年回報率為 25.45%。其費用率為 0.75%。

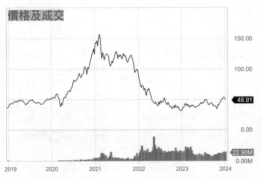

回報	
1個月	-10.62%
3個月	31.50%
今年迄今	-9.53%
1年	25.45%
3年	-30.92%
5年	3.70%

概況	
發行人	ARK Investment Management LP
品牌	ARK
結構	ETF
費用率	0.75%
創立日	Oct 31, 2014

主題	
類別	所有大盤股票
規格	股票
風格	多元股
地區	北美（一般）
地區	美國（具體）

歷史回報（%）對基準	ARKK	類別
2023	67.64%	無
2022	-66.97%	無
2021	-23.38%	無

交易數據	
52 Week Lo	$33.76
52 Week Hi	$54.52
AUM	$7,815.0 M
股數	168.9 M

歷史交易數據	
1 個月平均量	17,133,350
3 個月平均量	18,530,096

VanEck Social Sentiment ETF（BUZZ）

BUZZ 社會情緒 ETF 追蹤 BUZZ NextGen AI 美國情緒領袖指數的表現，該指數旨在追蹤在社交媒體、新聞文章和博客等平台上具有最積極情緒的 75 家大型市值美國公司。持股組合涵蓋了廣泛的創新領域，包括人工智慧、基因組學、機器人技術、能源儲存等。截至 2024 年 1 月 24 日，一年的回報率為 29.98%，費用率為 0.75%。BUZZ 是一檔具有高風險高收益潛力的 ETF。

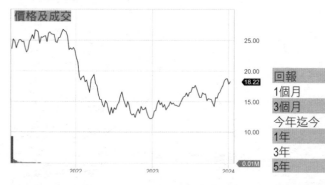

回報	
1個月	-3.27%
3個月	23.60%
今年迄今	-3.48%
1年	29.98%
3年	N/A
5年	N/A

概況	
發行人	VanEck
品牌	VanEck
結構	ETF
費用率	0.75%
創立日	Mar 02, 2021

歷史回報（%）對基準		BUZZ	類別
2023		54.64%	無
2022		-47.67%	無

交易數據	
52 Week Lo	$13.21
52 Week Hi	$19.03
AUM	$59.2 M
股數	3.3 M

主題	
類別	大型增長股
規格	大盤股
風格	增長
地區	北美（一般）
地區	美國（具體）

歷史交易數據	
1 個月平均量	15,655
3 個月平均量	12,635

Invesco QQQ Trust Series I（QQQ）

景順 QQQ 信託追蹤 Nasdaq100 科技板塊指數的表現，該指數由那斯達克交易所上市的 100 家市值最大的公司組成，涵蓋廣泛的科技、金融、醫療保健等領域。該 ETF 提供對領先科技股的低成本和流動性投資，例如蘋果、微軟、亞馬遜和 Google。QQQ 的表現與納斯達克指數的表現高度相關。

在過去 10 年，QQQ 的回報率超過了 500%。2024 年 1 月 24 日，一年回報率為 47.56%。其費用率為 0.20%。

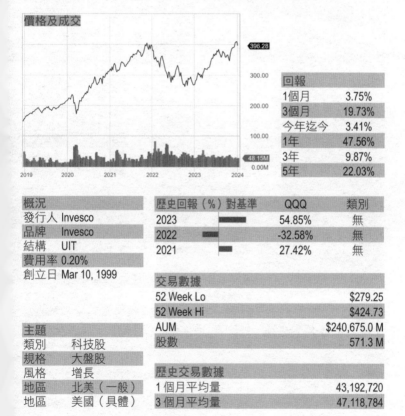

回報	
1個月	3.75%
3個月	19.73%
今年迄今	3.41%
1年	47.56%
3年	9.87%
5年	22.03%

概況	
發行人	Invesco
品牌	Invesco
結構	UIT
費用率	0.20%
創立日	Mar 10, 1999

歷史回報（%）對基準	QQQ	類別
2023	54.85%	無
2022	-32.58%	無
2021	27.42%	無

交易數據	
52 Week Lo	$279.25
52 Week Hi	$424.73
AUM	$240,675.0 M
股數	571.3 M

主題	
類別	科技股
規格	大盤股
風格	增長
地區	北美（一般）
地區	美國（具體）

歷史交易數據	
1 個月平均量	43,192,720
3 個月平均量	47,118,784

Vanguard Information Technology ETF（VGT）

　　VGT 追蹤 MSCI US Investable Market Information Technology 25/50 Index。該指數由 MSCI 編制，涵蓋美國大型市值和中型市值的資訊科技公司。投資組合涵蓋了廣泛的資訊科技領域，包括軟體、硬體、半導體、電子商務、雲計算等。該基金完全專注於美股，三隻證券佔基金的 25%，儘管該基金總共持有超過 425 隻證券。其較低的費用比率（0.10%）和良好的業績記錄使其成為追捧的選擇。截至 2024 年 1 月 24 日，一年回報率為 46.96%。

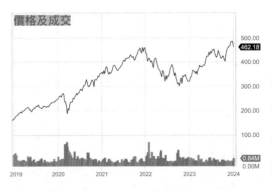

價格及成交

回報	
1個月	4.43%
3個月	23.42%
今年迄今	4.35%
1年	46.96%
3年	12.42%
5年	24.93%

概況

發行人	Vanguard
品牌	Vanguard
結構	ETF
費用率	0.10%
創立日	Jan 26, 2004

主題

類別	科技股
規格	大盤股
風格	增長
地區	北美（一般）
地區	美國（具體）

歷史回報（%）對基準		VGT	類別
2023		52.65%	無
2022		-29.70%	無
2021		30.45%	無

交易數據

52 Week Lo	$333.761
52 Week Hi	$505.99
AUM	$61,448.9 M
股數	123.0 M

歷史交易數據

1 個月平均量	549,905
3 個月平均量	509,184

Technology Select Sector SPDR Fund（XLK）

　　XLK 追蹤科技精選行業指數的表現，該指數由標準普爾 500 指數中的科技公司組成，例如蘋果、微軟、英偉達和博通、思科。該 ETF 提供低成本且集中的美國大型科技股投資機會，並專注於獲利能力和穩定性。**XLK** 在歷史上一直表現出強勁回報，尤其是在技術創新和經濟擴張時期。它在 2020 年上漲了 150% 以上，在 2021 年上漲了 170% 以上。截至 2024 年 1 月 24 日，一年回報率為 51.57%。其費用率為 0.10%。

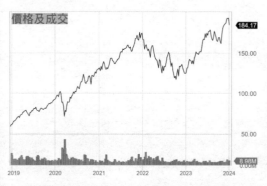

回報	
1個月	5.11%
3個月	23.40%
今年迄今	4.87%
1年	51.57%
3年	15.97%
5年	27.03%

概況	
發行人	State Street
品牌	SPDR
結構	ETF
費用率	0.10%
創立日	Dec 16, 1998

主題	
類別	科技股
規格	大盤股
風格	增長
地區	北美（一般）
地區	美國（具體）

歷史回報（%）對基準		XLK	類別
2023		56.02%	無
2022		-27.73%	無
2021		34.74%	無

交易數據	
52 Week Lo	$129.65
52 Week Hi	$202.28
AUM	$61,247.5 M
股數	304.7 M

歷史交易數據	
1 個月平均量	6,764,000
3 個月平均量	7,018,484

iShares U.S. Technology ETF（IYW）

　　IYW 追蹤道瓊美國科技行業指數的表現，該指數由軟體、硬體、互聯網和通訊設備等各個子行業的美國科技公司組成，重點是創新和多元化。IYW 通常包括一系列大型科技公司的股票，如蘋果（Apple）、微軟（Microsoft）和谷歌母公司 Alphabet 等，允許投資者通過單一的投資工具來獲得整個科技行業的曝露，適合希望專注於科技行業並利用該行業特定趨勢的投資者。其費用率為 0.40%。截至 2024 年 1 月 24 日，一年回報率為 58.57%。

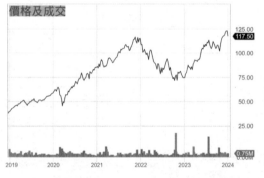

價格及成交

回報	
1個月	5.30%
3個月	23.15%
今年迄今	5.17%
1年	58.57%
3年	13.84%
5年	26.06%

概況

發行人	Blackrock Financial Management
品牌	iShares
結構	ETF
費用率	0.40%
創立日	May 15, 2000

主題

類別	科技股
規格	大盤
風格	增長
地區	北美（一般）
地區	美國（具體）

歷史回報（%）對基準	IYW	類別
2023	65.44%	無
2022	-34.83%	無
2021	35.44%	無

交易數據

52 Week Lo	$78.80
52 Week Hi	$129.60
AUM	$14,967.1 M
股數	116.5 M

歷史交易數據

1 個月平均量	625,735
3 個月平均量	706,952

Invesco S&P 500 Equal Weight Technology ETF（RSPT）

RSPT 追蹤 S&P 500 等權重資訊科技指數的表現，該指數由 S&P 500 指數中的科技公司組成，以同等權重而非市值進行加權。至少將 90% 的資產投資於標普 500 等權重科技指數中的股票。

每季度重新平衡以保持均等加權。等權重有助於緩解過度集中在少數表現最佳股票的風險，減少對少數大型股的依賴。截至 2024 年 1 月 24 日，一年回報率為 26.32%。其費用率為 0.40%。

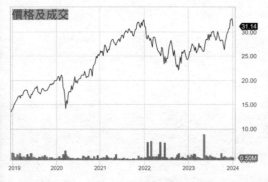

回報	
1個月	2.73%
3個月	23.70%
今年迄今	2.45%
1年	26.32%
3年	9.40%
5年	18.76%

概況	
發行人	Invesco
品牌	Invesco
結構	ETF
費用率	0.40%
創立日	Nov 01, 2006

主題	
類別	科技股
規格	股票
風格	混合
地區	北美（一般）
地區	美國（具體）

歷史回報（%）對基準		RSPT	類別
2023		35.18%	無
2022		-24.50%	無
2021		28.53%	無

交易數據	
52 Week Lo	$24.98
52 Week Hi	$33.50
AUM	$3,618.1 M
股數	109.7 M

歷史交易數據	
1 個月平均量	586,330
3 個月平均量	515,489

Vanguard Real Estate ETF（VNQ）

　　VNQ 追蹤 MSCI US Investable Market Real Estate25/50 Index，提供廣泛的美國股權房地產投資信託基金投資，同時向專業房地產投資信託基金和房地產公司提供少量配置。REITs 吸引尋求當前收入的投資者，因為這些信託必須將至少 90% 的收入分配給投資者。美國房地產投資信託基金的投資範圍最廣泛，涵蓋各種房地產類型，提供多元化和穩定性。低費用率（0.12%），是長期持有核心房地產的理想選擇。截至 2024 年 1 月 24 日，一年回報率為 1.12%。

價格及成交

回報	
1個月	-2.72%
3個月	19.29%
今年迄今	-3.44%
1年	1.12%
3年	3.49%
5年	5.32%

概況	
發行人	Vanguard
品牌	Vanguard
結構	ETF
費用率	0.12%
創立日	Sep 23, 2004

主題	
類別	房產
規格	多元股
風格	混合
地區	北美（一般）
地區	美國（具體）

歷史回報（%）對基準	VNQ	類別
2023	11.79%	無
2022	-26.24%	無
2021	40.52%	無

交易數據	
52 Week Lo	$69.75
52 Week Hi	$90.54
AUM	$32,673.8 M
股數	382.7 M

歷史交易數據	
1 個月平均量	4,793,210
3 個月平均量	5,341,046

Pacer Data & Infrastructure Real Estate ETF（SRVR）

SRVR 追蹤 S&P Global 數據和基礎設施房地產指數的。該指數旨在反映全球數據中心、電信基礎設施和其他基礎設施房地產市場的表現。至少將 90% 的資產投資於 S&P Global 數據和基礎設施房地產指數中的股票。

專注於資料中心和基礎設施房地產投資信託基金，歷史表現良好，在過去 5 年中平均每年上漲 15%。提供特定的、高成長的房地產利基投資機會。截至 2024 年 1 月 24 日，一年回報率為 -4.93%。費用率（0.55%）。

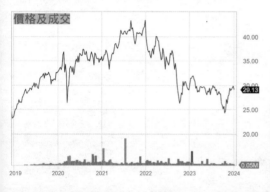

價格及成交

回報	
1個月	-3.23%
3個月	17.36%
今年迄今	-4.29%
1年	-4.93%
3年	-5.52%
5年	4.92%

概況	
發行人	Pacer Advisors
品牌	Pacer
結構	ETF
費用率	0.55%
創立日	May 15, 2018

歷史回報（%）對基準		SRVR	類別
2023		6.92%	無
2022		-31.91%	無
2021		22.30%	無

交易數據	
52 Week Lo	$23.94
52 Week Hi	$31.81
AUM	$498.5 M
股數	17.5 M

主題	
類別	房產
規格	多元股
風格	增長
地區	北美（一般）
地區	美國（具體）

歷史交易數據	
1 個月平均量	81,680
3 個月平均量	93,540

Nuveen Short-Term REIT ETF（NURE）

NURE 追蹤 Dow Jones U.S. Select Short-Term REIT Index，該指數旨在反映美國 REIT 市場的表現，包括公寓、酒店、自助存儲設施和製造房屋等通常具有較短租約期限的房地產。投資短期租賃的房地產投資信託基金，與長期房地產投資信託基金相比，對利率變化較不敏感。提供更高收入和資本增值的潛力。NURE 是相對較小的 ETF，流動性可能較差 。費用率適中（0.35%），截至 2024 年 1 月 24 日，一年回報率為 4.73%。

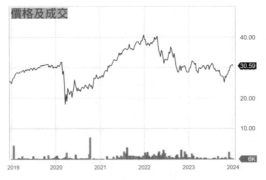

價格及成交

回報	
1個月	-1.20%
3個月	15.79%
今年迄今	-2.17%
1年	4.73%
3年	6.12%
5年	5.95%

概況

發行人	TIAA
品牌	Nuveen
結構	ETF
費用率	0.35%
創立日	Dec 19, 2016

主題

類別	房產
規格	多元股
風格	混合
地區	北美（一般）
地區	美國（具體）

歷史回報（%）對基準

	NURE	類別
2023	13.03%	無
2022	-28.49%	無
2021	53.42%	無

交易數據

52 Week Lo	$24.71
52 Week Hi	$31.58
AUM	$49.1 M
股數	1.6 M

歷史交易數據

1 個月平均量	7,020
3 個月平均量	14,556

DBX ETF Trust - Xtrackers International Real Estate ETF（HAUZ）

　　HAUZ 追蹤 iSTOXX Developed and Emerging Markets ex USA PK VN Real Estate Index 。該指數旨在反映全球發達和新興市場（除巴基斯坦和越南外）公開交易的房地產證券的表現。提供美國以外已開發市場和新興市場房地產投資信託基金的多元化投資。至少將 80% 的資產投資於指數中的成分股。提供對全球房地產市場的廣泛敞口，降低對單一地區或國家的依賴。費用率適中（0.10%）。截至 2024 年 1 月 24 日，一年回報率為 -6.34%。

價格及成交

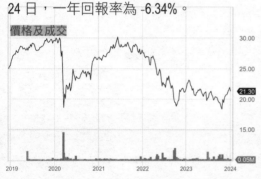

回報	
1個月	-4.14%
3個月	12.21%
今年迄今	-5.85%
1年	-6.34%
3年	-4.89%
5年	-1.37%

概況	
發行人	DWS
品牌	Xtrackers
結構	ETF
費用率	0.10%
創立日	Oct 01, 2013

歷史回報（%）對基準		HAUZ	類別
2023		-22.24%	無
2022		9.83%	無
2021		-6.19%	無

交易數據	
52 Week Lo	$17.96
52 Week Hi	$22.53
AUM	$659.0 M
股數	31.9 M

主題	
類別	房產
規格	多元股
風格	混合
地區	已開發市場
地區	廣泛（具體）

歷史交易數據	
1 個月平均量	58,310
3 個月平均量	77,746

JPMorgan BetaBuilders MSCI US REIT ETF（BBRE）

　　BBRE 追蹤 MSCI US Investable Market Real Estate 25/50 Index ，該指數涵蓋整個美國 REIT 市場，包括股票、抵押貸款和混合 REIT。該 ETF 為美國核心房地產投資信託市場提供低成本和多元化的投資。該 ETF 擁有晨星公司的四星級評級，截至 2024 年 1 月 24 日，一年回報率為 3.58%。其費用率為 0.11%。

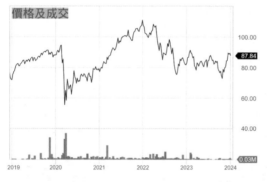

價格及成交

87.84

0.03M

回報

1個月	-1.77%
3個月	17.89%
今年迄今	-2.56%
1年	3.58%
3年	5.73%
5年	5.51%

概況

發行人	JPMorgan Chase
品牌	JPMorgan
結構	ETF
費用率	0.11%
創立日	Jun 15, 2018

主題

類別	房產
規格	多元股
風格	混合
地區	北美（一般）
地區	美國（具體）

歷史回報（%）對基準

	BBRE	類別
2023	13.86%	無
2022	-24.66%	無
2021	42.98%	無

交易數據

52 Week Lo	$71.48
52 Week Hi	$90.50
AUM	$788.1 M
股數	9.0 M

歷史交易數據

1 個月平均量	38,415
3 個月平均量	29,271

iShares Core U.S. REIT ETF（USRT）

　　該 ETF 追蹤 FTSE NAREIT 股票 REIT 指數的表現，該指數涵蓋美國股票 REIT 市場，不包括抵押貸款，指數擁有 100 多隻持股，主要投資於中型和大型股票。USRT 的投資組合包括了美國房地產投資信託市場中的大部分公司，如 Prologis、Equinix、Digital Realty Trust 等。該 ETF 擁有晨星公司的四星級評級，截至 2024 年 1 月 24 日，一年的回報率為 3.46%。其費用率為 0.08%。年度股息為 1.73 美元，年度股息率為 3.21%。

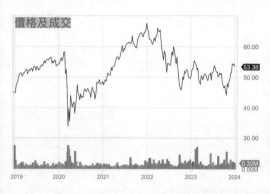

價格及成交

回報

1個月	-1.87%
3個月	17.92%
今年迄今	-2.58%
1年	3.46%
3年	5.88%
5年	5.47%

概況

發行人	Blackrock Financial Management
品牌	iShares
結構	ETF
費用率	0.08%
創立日	May 01, 2007

主題

類別	房產
規格	大盤股
風格	混合
地區	北美（一般）
地區	美國（具體）

歷史回報（%）對基準

		USRT	類別
2023		11.61%	無
2022		-25.16%	無
2021		49.59%	無

交易數據

52 Week Lo	$43.32
52 Week Hi	$55.00
AUM	$2,292.2 M
股數	43.1 M

歷史交易數據

1 個月平均量	327,935
3 個月平均量	385,006

Global X Green Building ETF（GRNR）

　　該 ETF 追蹤 Solactive 全球綠色建築指數的表現，該指數由涉及綠色建築行業的公司組成，例如建築、材料、設計和工程。該 ETF 為綠色建築市場提供了低成本且集中的投資機會。在能源效率、環境永續性和社會責任日益增長的需求的推動下，該市場預計將在未來幾年快速增長。GRNR 的投資組合主要由美國公司組成，約佔 80%。截至 2024 年 1 月 24 日，一年回報率為 6.45%。其費用率為 0.45%。

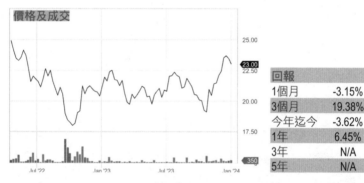

價格及成交	

回報	
1個月	-3.15%
3個月	19.38%
今年迄今	-3.62%
1年	6.45%
3年	N/A
5年	N/A

概況	
發行人	Mirae Asset Global Investments Co., Ltd.
品牌	Global X
結構	ETF
費用率	0.45%
創立日	Apr 11, 2022

歷史回報（%）對基準	GRNR	類別
2023	18.43%	無

主題	
類別	材料
規格	多元股
產業	材料
地區	全球（一般）
地區	廣泛（具體）

交易數據	
52 Week Lo	$18.39
52 Week Hi	$23.64
AUM	$2.3 M
股數	0.1 M

歷史交易數據	
1 個月平均量	275
3 個月平均量	327

Invesco S&P 500 Equal Weight Real Estate ETF（RSPR）

　　該 ETF 追蹤 S&P 500 等權重房地產指數的表現，該指數由 S&P 500 指數中的房地產公司組成，按平均權重而非市值加權。

　　這種方法旨在為房地產板塊提供更廣泛的敞口，小型公司與大型公司具有相似的權重。該 ETF 為美國房地產行業提供低成本且均衡的投資。RSPR 在最近幾年的表現通常優於更廣泛的 S&P 500。截至 2024 年 1 月 24 日，一年回報率為 1.94%。其費用率為 0.40%。

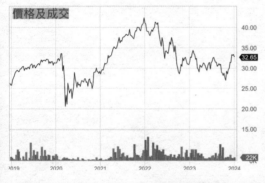

價格及成交

回報	
1個月	-2.44%
3個月	17.90%
今年迄今	-3.03%
1年	1.94%
3年	6.09%
5年	6.81%

概況	
發行人	Invesco
品牌	Invesco
結構	ETF
費用率	0.40%
創立日	Aug 13, 2015

主題	
類別	房產
規格	大盤股
風格	混合
地區	北美（一般）
地區	美國（具體）

歷史回報（%）對基準		RSPR	類別
2023		11.61%	無
2022		-25.16%	無
2021		49.59%	無

交易數據	
52 Week Lo	$26.54
52 Week Hi	$34.06
AUM	$102.7 M
股數	3.2 M

歷史交易數據	
1 個月平均量	16,465
3 個月平均量	18,587

Vanguard FTSE Developed Markets ETF（VEA）

該 ETF 追蹤 FTSE Developed All Cap ex US Index，提供北美以外已開發市場的投資機會，包括西歐、日本和澳洲。VEA 是增持美國以外已開發市場的有效工具，大量投資於大盤股。

VEA 主 要 持 股 包 括 Samsung Electronics、Toyota Motor Corp. 和 Nestle 等。提供多元化和低費用率（0.05%）。是核心已開發市場持股的理想選擇。截至 2024 年 1 月 24 日，一年回報率為 6.21%。

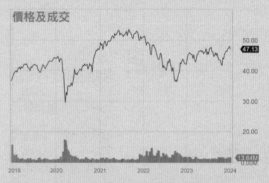

價格及成交

回報	
1個月	-1.45%
3個月	12.50%
今年迄今	-2.25%
1年	6.21%
3年	1.84%
5年	7.01%

概況	
發行人	Vanguard
品牌	Vanguard
結構	ETF
費用率	0.05%
創立日	Jul 20, 2007

主題	
類別	國際大盤股
規格	大盤股
風格	混合
地區	已開發市場
地區	歐洲、澳洲和遠東地區

歷史回報（%）對基準		VEA	類別
2022		17.94%	無
2021		-15.36%	無
2020		11.67%	無

交易數據	
52 Week Lo	$40.67
52 Week Hi	$48.16
AUM	$120,039.0 M
股數	2,569.3 M

歷史交易數據	
1 個月平均量	11,079,775
3 個月平均量	11,482,703

SPDR Portfolio Developed World ex-US ETF（SPDW）

　　SPDW 追蹤的指數是 S&P 已開發國家除美國以外的 BMI 指數，提供對美國以外已開發市場的廣泛投資。該基金擁有數千種證券，使其成為長期投資者建立平衡投資組合的選擇，一檔 ETF 就可以投資全球非美國的已開發市場。

　　前 10 大投資國家中，最多的是日本 20.95%，其次則為英國、加拿大、法國、瑞士等國家。SPDW 的管理費設定得十分低，費用比率只有 0.03%。截至 2024 年 1 月 24 日，一年回報率為 6.16%。

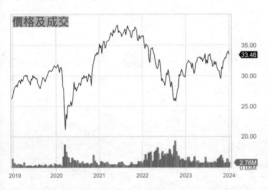

價格及成交

回報	
1個月	-1.28%
3個月	12.62%
今年迄今	-2.12%
1年	6.16%
3年	1.42%
5年	6.80%

概況	
發行人	State Street
品牌	SPDR
結構	ETF
費用率	0.03%
創立日	Apr 20, 2007

歷史回報（%）對基準		SPDW	類別
2023		17.84%	無
2022		-16.01%	無
2021		49.59%	無

交易數據	
52 Week Lo	$28.94
52 Week Hi	$34.18
AUM	$17,895.9 M
股數	537.4 M

主題	
類別	國際大盤股
規格	大盤股
風格	混合
地區	北美（一般）
地區	美國（具體）

歷史交易數據	
1 個月平均量	2,945,440
3 個月平均量	3,475,214

iShares Core MSCI Europe ETF（IEUR）

IEUR 追蹤 MSCI Europe Investable Market Index，以極具競爭力的價格追蹤歐洲大盤、中盤和小型股票指數。該基金擁有近千種證券，其投資組合以英國、法國、瑞士和德國為主。前十大持股包括 HSBC Holdings PLC、TotalEnergies SE、Unilever PLC 和 Nestle SA 等。

集中投資歐洲大型公司，隨著歐洲經濟趨於穩定，提供復甦潛力。費用比率適中（0.11%）。截至 2024 年 1 月 24 日，一年回報率為 5.89%。

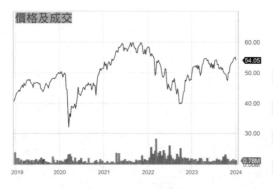

價格及成交

回報	
1個月	-2.58%
3個月	12.29%
今年迄今	-3.16%
1年	5.89%
3年	3.38%
5年	7.58%

概況

發行人	Blackrock Financial Management
品牌	iShares
結構	ETF
費用率	0.11%
創立日	Jun 10, 2014

歷史回報（%）對基準		IEUR	類別
2023		19.73%	無
2022		-15.86%	無
2021		16.73%	無

交易數據

52 Week Lo	$46.62
52 Week Hi	$55.38
AUM	$3,997.9 M
股數	74.8 M

主題

類別	歐洲股票
規格	大盤股
風格	混合
地區	已開發市場
地區	廣泛（具體）

歷史交易數據

1 個月平均量	589,195
3 個月平均量	680,278

Franklin FTSE Japan ETF（FLJP）

FLJP 追蹤追蹤富時日本指數（FTSE Japan Capped Index），該指數由市值最大的 100 家日本公司組成。FLJP 的主要持股包括豐田汽車公司、索尼集團公司、三菱日聯金融集團、基恩斯公司和信越化學工業株式會社。

對於尋求日本股市敞口的投資者而言，FLJP 是不錯的選擇，提供多元化和低成本的優勢。費用比率適中（0.09%）。截至 2024 年 1 月 24 日，一年回報率為 19.03%。

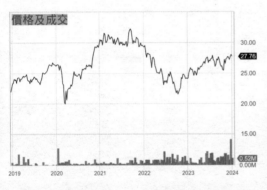

價格及成交

回報	
1個月	1.33%
3個月	8.80%
今年迄今	-1.54%
1年	19.03%
3年	-0.15%
5年	6.52%

概況

發行人	Franklin Templeton
品牌	Franklin
結構	ETF
費用率	0.09%
創立日	Nov 02, 2017

歷史回報（%）對基準		FLJP	類別
2023		20.03%	無
2022		-16.56%	無
2021		1.00%	無

交易數據

52 Week Lo	$23.40
52 Week Hi	$29.07
AUM	$1,698.7 M
股數	58.8 M

主題

類別	日本股票
規格	大盤股
風格	混合
地區	已開發市場
地區	日本（具體）

歷史交易數據

1 個月平均量	468,745
3 個月平均量	666,036

iShares MSCI Emerging Markets ex China ETF （EMXC）

EMXC 追蹤 MSCI Emerging Markets ex China Index，是一個自由流通調整市值加權指數，涵蓋 24 個新興市場國家中 23 個（不包括中國）的大中市值股票。提供對這些經濟體的多元化投資。主要持股包括印度：Infosys Ltd、Tata Consultancy Services Ltd、Reliance Industries Ltd；台灣：台積電、鴻海、聯發科；南韓：三星電子、SK Hynix、LG Chem 費用率適中（0.25%）。截至 2024 年 1 月 24 日，一年回報率為 6.48%。

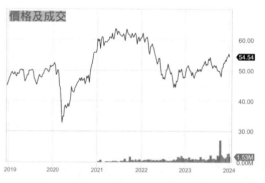

價格及成交		
	60.00	
	54.54	
	50.00	
	40.00	
	30.00	
2019 2020 2021 2022 2023 2024	1.53M / 0.00M	

回報	
1個月	-1.30%
3個月	11.39%
今年迄今	-3.01%
1年	6.48%
3年	-1.58%
5年	4.86%

概況	
發行人	Blackrock Financial Management
品牌	iShares
結構	ETF
費用率	0.25%
創立日	Jul 18, 2017

主題	
類別	新興市場股票
規格	大盤股
風格	混合
地區	新興市場
地區	廣泛（具體）

歷史回報（%）對基準		EMXC	類別
2023		18.98%	無
2022		-19.56%	無
2021		8.55%	無

交易數據	
52 Week Lo	$45.60
52 Week Hi	$55.73
AUM	$8,867.2 M
股數	164.6 M

歷史交易數據	
1 個月平均量	1,847,565
3 個月平均量	1,520,497

iShares Core MSCI EAFE ETF（IEFA）

IEFA 追蹤 MSCI EAFE 指數的表現，涵蓋北美以外的已開發市場，例如歐洲、日本、新西蘭和澳洲。該 ETF 提供了對國際股票市場的低成本和多元化投資。IEFA 的主要持股包括歐洲：雀巢、羅氏、諾華；澳洲：聯邦銀行、澳大利亞聯合銀行、Westpac 銀行；新西蘭：紐西蘭聯邦銀行、新西蘭電力公司、豐田汽車；遠東：軟銀集團、三菱商事、日本電信電話截至 2023 年 11 月 10 日，一年回報率為 52.6%。其費用率為 0.07%。截至 2024 年 1 月 24 日，一年回報率為 6.57%。

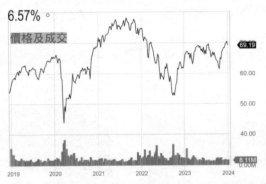

回報	
1個月	-1.22%
3個月	12.78%
今年迄今	-1.99%
1年	6.57%
3年	2.01%
5年	6.86%

概況	
發行人	Blackrock Financial Management
品牌	iShares
結構	ETF
費用率	0.07%
創立日	Oct 18, 2012

主題	
類別	國際大盤股
規格	大盤股
風格	混合
地區	已開發市場
地區	歐澳遠東（具體）

歷史回報（%）對基準		IEFA	類別
2023		17.99%	無
2022		-15.21%	無
2021		11.65%	無

交易數據	
52 Week Lo	$59.94
52 Week Hi	$70.66
AUM	$104,698.0 M
股數	1,518.0 M

歷史交易數據	
1 個月平均量	7,871,675
3 個月平均量	8,431,957

iShares ESG Aware MSCI EAFE ETF（ESGD）

　　ESGD 追蹤 MSCI EAFE Extended ESG Focus Index，該指數由來自美國和加拿大以外已開發市場、具有積極的環境、社會和治理（ESG）特徵的公司組成。該 ETF 提供低成本且可持續的國際股票市場曝險，並專注於 ESG 整合和篩選。投資於約 385 只股票，分布於多個行業，包括消費品、金融、醫療保健等。主要持股包括：諾和諾德 A/S、ASML 控股公司、雀巢 S.A. 等。截至 2024 年 1 月 24 日，一年回報率為 14.02%。其費用率為 0.20%。

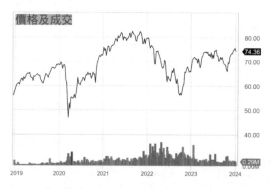

價格及成交

回報	
1個月	2.43%
3個月	11.83%
今年迄今	-1.65%
1年	14.02%
3年	3.40%
5年	8.34%

概況	
發行人	Blackrock Financial Management
品牌	iShares
結構	ETF
費用率	0.20%
創立日	Jun 28, 2016

歷史回報（%）對基準		ESGD	類別
2023		18.57%	無
2022		-15.14%	無
2021		11.80%	無

交易數據	
52 Week Lo	$64.39
52 Week Hi	$75.87
AUM	$7,477.4 M
股數	101.0 M

主題	
類別	國際大盤股
規格	大盤
風格	混合
地區	已開發市場
地區	歐澳遠東（具體）

歷史交易數據	
1 個月平均量	277,375
3 個月平均量	332,733

Schwab International Equity ETF（SCHF）

　　SCHF 追蹤 FTSE Developed ex-US Index，該指數涵蓋來自 20 個發達國家（除美國外）的約 1400 只股票。SCHF SCHF 持有來自 20 個不同國家的股票，有助於降低風險並為投資者提供廣泛的全球曝光。被動式管理，主要持股包括諾和諾德、雀巢、ASML、三星電子和豐田等公司。由於 SCHF 投資於非美國股票，因此受到貨幣波動的影響。截至 2024 年 1 月 24 日，一年報率為 14.01%。其費用率為 0.06%。

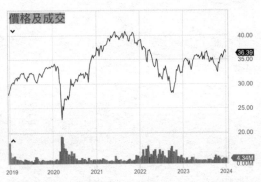

回報	
1個月	2.77%
3個月	12.19%
今年迄今	-1.62%
1年	14.01%
3年	3.39%
5年	8.36%

概況	
發行人	Charles Schwab
品牌	Schwab
結構	ETF
費用率	0.06%
創立日	Nov 03, 2009

歷史回報（%）對基準		SCHF	類別
2023		18.34%	無
2022		-14.79%	無
2021		11.41%	無

交易數據	
52 Week Lo	$31.31
52 Week Hi	$37.14
AUM	$33,478.9 M
股數	932.3 M

主題	
類別	國際大盤股
規格	大盤
風格	混合
地區	已開發市場
地區	廣泛（具體）

歷史交易數據	
1 個月平均量	3,945,550
3 個月平均量	4,039,089

Vanguard Energy ETF（VDE）

　　VDE 追蹤 S&P 500® 能源指數，該指數包括約 40 只能源股，表現將與指數的表現大致相似。提供對美國能源產業的廣泛投資，包括石油和天然氣生產商、煉油廠和管道。

　　VDE 的持股組合包括約 40 只能源股，其中最大的持股包括 Exxon Mobil、Chevron、EOG Resources 和 ConocoPhillips 等能源行業的領先公司。在過去 10 年，VDE 的平均年回報率為 10.9%。截至 2024 年 1 月 24 日，一年回報率為 -6.94%。費用率為 0.10%。

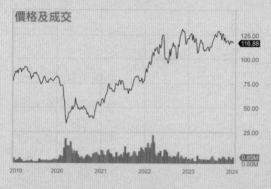

價格及成交

回報	
1個月	-5.11%
3個月	-9.95%
今年迄今	-3.79%
1年	-6.94%
3年	29.87%
5年	10.39%

概況	
發行人	Vanguard
品牌	Vanguard
結構	ETF
費用率	0.10%
創立日	Sep 23, 2004

歷史回報（%）對基準	VDE	類別
2023	0.00%	無
2022	62.86%	無
2021	56.21%	無

交易數據	
52 Week Lo	$100.71
52 Week Hi	$129.04
AUM	$7,561.5 M
股數	67.2 M

主題	
類別	能源
規格	多元股
風格	價值
地區	北美（一般）
地區	美國（具體）

歷史交易數據	
1 個月平均量	577,420
3 個月平均量	622,565

Invesco Energy Exploration & Production ETF（PXE）

　　PXE 追蹤 Dynamic Energy Exploration & Production Intellidex® Index，該指數包括約 30 只能源股。 PXE 持有來自不同能源行業的股票，包括石油、天然氣和可再生能源，有助於降低風險。 在過去 10 年中，PXE 的平均年回報率為 11.5%。

　　截至 2024 年 1 月 24 日，一年回報率為 -3.05%。費用率為 0.60%。

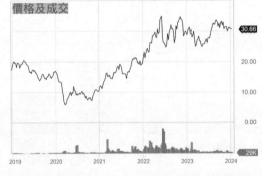

價格及成交 — 30.66

回報	
1個月	-5.89%
3個月	-10.59%
今年迄今	-4.85%
1年	-3.05%
3年	39.80%
5年	11.98%

概況	
發行人	Invesco
品牌	Invesco
結構	ETF
費用率	0.60%
創立日	Oct 26, 2005

主題	
類別	能源
規格	多元股
風格	混合
地區	北美（一般）
地區	美國（具體）

歷史回報（%）對基準		PXE	類別
2023		7.66%	無
2022		58.27%	無
2021		94.11%	無

交易數據	
52 Week Lo	$23.55
52 Week Hi	$33.67
AUM	$123.5 M
股數	4.2 M

歷史交易數據	
1 個月平均量	30,355
3 個月平均量	45,395

First Trust North American Energy Infrastructure Fund（EMLP）

EMLP 是主動管理的 ETF，投資北美地區的 MLP（業主有限合夥）、加拿大收入信託、管道公司和公用事業公司，這些公司至少一半的收入來自能源基礎設施資產（包括管道、儲罐和輸電）的營運。

EMLP 投資於各種實體，包括 MLP、管道公司、管制公用事業、多元化公用事業、YieldCo 和石油服務與設備服務，無需 K-1 申報。截至 2024 年 1 月 24 日，一年的報酬率為 9.03%。其費用比率為 0.95%。

價格及成交		27.98

回報	
1個月	0.84%
3個月	10.16%
今年迄今	0.65%
1年	9.03%
3年	13.93%
5年	9.54%

概況	
發行人	First Trust
品牌	First Trust
結構	ETF
費用率	0.95%
創立日	Jun 21, 2012

歷史回報（%）對基準		EMLP	類別
2023		8.02%	無
2022		10.39%	無
2021		23.18%	無

主題	
類別	MLPs
規格	多元股
風格	混合
地區	北美（一般）
地區	美國（具體）

交易數據	
52 Week Lo	$24.20
52 Week Hi	$28.21
AUM	$2,281.6 M
股數	84.4M

歷史交易數據	
1 個月平均量	269,845
3 個月平均量	250,967

iShares Global Clean Energy ETF（ICLN）

　　ICLN追蹤S&P Global Clean Energy Index或類似指數的表現。對於對替代能源領域保持長期看漲前景的投資者來說，ICLN廣泛地投資在不同層面的能源產業上，包括風電、太陽能和其他再生能源。在環境問題和政府政策的推動下，清潔能源具有巨大成長潛力。ICLN可能提供相對較低的股息收益率，因為許多清潔能源公司著重投資於業務擴張和技術創新。截至2024年1月24日，一年的報酬率為-31.92%。其費用比率為0.41%。

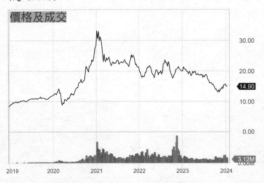

回報	
1個月	-8.58%
3個月	6.62%
今年迄今	-9.63%
1年	-31.92%
3年	-23.79%
5年	10.96%

概況	
發行人	Blackrock Financial Management
品牌	iShares
結構	ETF
費用率	0.41%
創立日	Jun 24, 2008

主題	
類別	替代能源股
規格	多元股
風格	混合
地區	已開發市場
地區	廣泛（具體）

歷史回報（%）對基準		ICLN	類別
2023	■	-20.38%	無
2022	▮	-5.41%	無
2021	▬	-24.18%	無

交易數據	
52 Week Lo	$12.62
52 Week Hi	$20.88
AUM	$2,506.7 M
股數	182.4 M

歷史交易數據	
1個月平均量	4,200,975
3個月平均量	4,091,656

Sprott Uranium Miners ETF（URNM）

　　URNM 旨在追蹤那些至少將 50% 的資產投資於 North Shore Global Uranium Mining Index（URNMX），以及持有實物鈾、擁有鈾版稅，或從事其他支持鈾礦業的非礦業活動的公司。通常將至少 80% 的總資產投資於構成指數的證券。隨著鈾價格波動，提供高風險、高報酬的潛力。鈾的長期前景繼續看好，因為多個國家認識到核能在減少排放中的關鍵作用。截至 2024 年 1 月 24 日，一年的報酬率為 56.86%。 其費用比率為 0.83%。

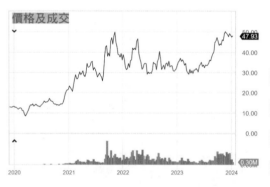

回報	
1個月	11.17%
3個月	28.54%
今年迄今	13.03%
1年	56.86%
3年	40.89%
5年	N/A

概況	
發行人	Sprott
品牌	Sprott
結構	ETF
費用率	0.83%
創立日	Dec 03, 2019

主題	
類別	大宗商品生產商股票
規格	多元股
風格	混合
地區	已開發市場
地區	廣泛（具體）

歷史回報（%）對基準		URNM	類別
2023		52.08%	無
2022		-11.86%	無
2021		78.74%	無

交易數據	
52 Week Lo	$27.20
52 Week Hi	$58.15
AUM	$1,880.0 M
股數	35.2 M

歷史交易數據	
1 個月平均量	903,565
3 個月平均量	986,137

Fidelity MSCI Energy Index ETF（FENY）

FENY 追蹤 MSCI USA IMI 能源指數的表現，由美國能源產業的公司組成，例如石油和天然氣生產商、煉油商以及設備和服務提供者。該 ETF 提供低成本、多元化的投資，通常將至少 80% 的總資產投資於構成指數的證券，包括石油、天然氣、能源設備和服務等子行業的公司。能源行業的波動性對 ETF 的表現有顯著影響，特別是在全球經濟或政治環境不穩定的時期。截至 2024 年 1 月 24 日，一年的報酬率為 -6.95%。其費用比率為 0.08%。

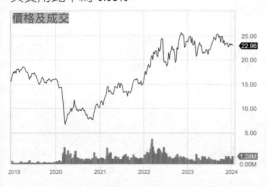

價格及成交

回報	
1個月	-5.09%
3個月	-9.98%
今年迄今	-3.78%
1年	-6.95%
3年	29.71%
5年	10.21%

概況	
發行人	Fidelity
品牌	Fidelity
結構	ETF
費用率	0.08%
創立日	Oct 21, 2013

歷史回報（%）對基準	FENY	類別
2023	-0.01%	無
2022	63.09%	無
2021	55.69%	無

交易數據	
52 Week Lo	$19.79
52 Week Hi	$25.36
AUM	$1,381.8 M
股數	62.5 M

主題	
類別	能源股
規格	多元股
風格	價值
地區	北美（一般）
地區	美國（具體）

歷史交易數據	
1 個月平均量	809,155
3 個月平均量	892,671

SPDR S&P Oil & Gas Equipment & Services ETF（XES）

XES 追蹤標 S&P Oil & Gas Equipment & Services Select Industry Index 的表現，該指數由為石油和天然氣行業提供設備和服務（如鑽井、勘探、生產和運輸）的公司組成。

XES 是被動管理的交易所交易基金，旨在提供廣泛的能源設備和服務行業的市場曝光，通常將至少 80% 的總資產投資於構成指數的證券。截至 2024 年 1 月 24 日，一年的回報率為 -3.81%。其費用率為 0.35%。

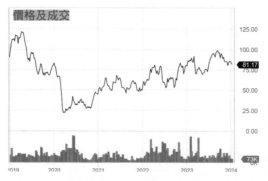

價格及成交

回報	
1個月	-5.35%
3個月	-13.03%
今年迄今	-4.53%
1年	-3.81%
3年	17.55%
5年	-4.33%

概況	
發行人	State Street
品牌	SPDR
結構	ETF
費用率	0.35%
創立日	Jun 19, 2006

歷史回報（%）對基準	XES	類別
2023	6.68%	無
2022	62.02%	無
2021	12.04%	無

交易數據	
52 Week Lo	$66.44
52 Week Hi	$100.42
AUM	$310.3 M
股數	3.9 M

主題	
類別	大宗商品生產商股票
規格	微型資本
風格	價值
地區	已開發市場
地區	廣泛（具體）

歷史交易數據	
1 個月平均量	98,280
3 個月平均量	119,549

Energy Select Sector SPDR Fund（XLE）

XLE 追蹤 S&P Energy Select Sector Index 的表現，通常將至少 95% 的總資產投資於構成指數的證券。該指數由標準普爾 500 指數中的能源公司組成，例如埃克森美孚、雪佛龍和康菲石油公司。XLE 被認為是 2024 年退休投資組合中值得關注的 ETF 之一，提供了相對較高的股息收益率，對於尋求穩定現金流的投資者來説可能是一個吸引人的特點。截至 2024 年 1 月 24 日，一年的報酬率為 -7.73%。 其費用比率為 0.10%。

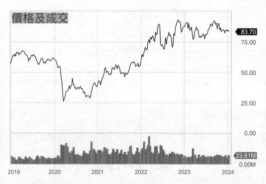

價格及成交

83.70 / 75.00 / 50.00 / 25.00 / 0.00 / 23.61M / 0.00M

2019　2020　2021　2022　2023　2024

回報	
1個月	-5.11%
3個月	-9.80%
今年迄今	-3.82%
1年	-7.73%
3年	29.44%
5年	10.71%

概況	
發行人	State Street
品牌	SPDR
結構	ETF
費用率	0.10%
創立日	Dec 16, 1998

歷史回報（%）對基準	XLE	類別
2023	-0.64%	無
2022	64.17%	無
2021	53.31%	無

交易數據	
52 Week Lo	$72.69
52 Week Hi	$92.12
AUM	$34,353.5 M
股數	427.2 M

主題	
類別	能源股
規格	大 盤股
風格	價值
地區	北美（一般）
地區	美國（具體）

歷史交易數據	
1 個月平均量	16,810,292
3 個月平均量	19,347,696

Global X MLP ETF（MLPA）

　　MLPA 追蹤 Solactive MLP 基礎設施指數的表現，該指數由參與能源商品運輸、儲存和加工的主有限夥企業（MLP）組成，例如石油、天然氣和煤炭。MLP 通常向投資者支付高收益，因為他們不繳納企業所得稅。MLPA 提供低成本、多元化的投資機會，多數投資於對能源價格不太敏感的中游管道和儲存設施，可帶來高收益和稅收優勢。截至 2024年 1 月 24 日，一年的回報率為 12.32%。其費用率為 0.45%。

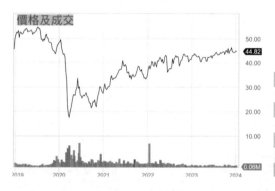

回報

1個月	2.08%
3個月	2.19%
今年迄今	2.08%
1年	12.32%
3年	24.95%
5年	9.77%

概況

發行人	Mirae Asset Global Investments Co., Ltd.
品牌	Global X
結構	ETF
費用率	0.45%
創立日	Apr 18, 2012

主題

類別	MLPs
規格	多元股
風格	混合
地區	北美（一般）
地區	美國（具體）

歷史回報（%）對基準

		MLPA	類別
2023		15.91%	無
2022		26.99%	無
2021		39.56%	無

交易數據

52 Week Lo	$37.24
52 Week Hi	$46.37
AUM	$1,408.7 M
股數	31.8 M

歷史交易數據

1 個月平均量	124,930
3 個月平均量	113,840

iShares Exponential Technologies ETF（XT）

　　XT 追蹤 Morningstar Exponential Technologies Index，該指數由創造或使用指數技術的發達和新興市場公司組成。該指數鎖定了九個潛在的技術主題，這些主題有可能為生產和使用它們的公司帶來顯著的經濟效益，包括雲計算。XT 追蹤的指數包括許多成長型公司，具有較高的增長潛力。持有來自不同科技領域的股票，有助於降低風險。截至 2024 年 1 月 24 日，一年回報率為 12.09%。其費用率為 0.46%。

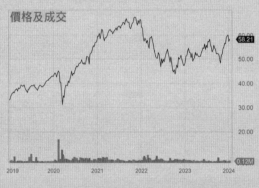

價格及成交

58.21

回報	
1個月	-1.50%
3個月	18.05%
今年迄今	-2.15%
1年	12.09%
3年	-0.38%
5年	11.87%

概況	
發行人	Blackrock Financial Management
品牌	iShares
結構	ETF
費用率	0.46%
創立日	Mar 19, 2015

主題	
類別	大型增長股
規格	大盤股
風格	混合
地區	已開發市場
地區	廣泛（具體）

歷史回報（%）對基準	XT	類別
2023	27.03%	無
2022	-27.82%	無
2021	16.43%	無

交易數據	
52 Week Lo	$48.01
52 Week Hi	$60.67
AUM	$3,379.6 M
股數	58.1 M

歷史交易數據	
1 個月平均量	116,070
3 個月平均量	121,197

ARK Autonomous Technology & Robotics ETF（ARKQ）

ARKQARKQ 自成立以來大幅跑贏大盤。截至 2023 年 10 月 26 日，該 ETF 的複合年均增長率 (CAGR) 超過 30%，而同期 S&P 500 的 CAGR 約為 10%。

ARKQ 的投資內容主要包括四個領域：自主車輛和無人機、工業機器人和自動化、3D 列印和增材製造、人工智能和機器學習。ARKQ 的投資策略是主動管理，由 ARK Invest 的團隊管理。截至 2024 年 1 月 24 日，一年的回報率為 18.03%。其費用比率為 0.75%。

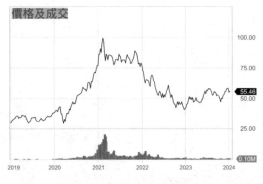

回報	
1個月	-5.13%
3個月	11.84%
今年迄今	-4.90%
1年	18.03%
3年	-15.16%
5年	12.56%

概況	
發行人	ARK Investment Management LP
品牌	ARK
結構	ETF
費用率	0.75%
創立日	Sep 30, 2014

主題	
類別	所有大盤股票
規格	多元股
風格	增長
地區	已開發市場
地區	廣泛（具體）

歷史回報（%）對基準		ARKQ	類別
2023		40.70%	無
2022		-46.75%	無
2021		2.56%	無

交易數據	
52 Week Lo	$44.67
52 Week Hi	$59.83
AUM	$977.8 M
股數	17.9 M

歷史交易數據	
1 個月平均量	98,475
3 個月平均量	84,141

Global X Robotics & Artificial Intelligence ETF（BOTZ）

BOTZ 投資於那些有望從自動化、機器人和人工智慧中受益的公司指數。

追蹤 Indxx Global Robotics & Artificial Intelligence Index，涵蓋工業機器人、非工業機器人、自動駕駛車輛等領域。投資組合：約 50 家全球領先的機器人和人工智慧公司，主要來自美國、歐洲和日本。持股包括 NVIDIA、Intuitive Surgical, Inc、ABB Ltd. 等。截至 2024 年 1 月 24 日，一年的回報率為 24.97%。其費用比率為 0.69%。

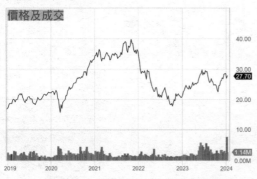

價格及成交

回報	
1個月	2.33%
3個月	26.03%
今年迄今	1.93%
1年	24.97%
3年	-6.21%
5年	10.69%

概況

發行人	Mirae Asset Global Investments Co., Ltd.
品牌	Global X
結構	ETF
費用率	0.69%
創立日	Sep 12, 2016

主題

類別	全球股
規格	多元股
風格	混合
地區	已開發市場
地區	廣泛（具體）

歷史回報（%）對基準

	BOTZ	類別
2023	38.97%	無
2022	-42.69%	無
2021	8.65%	無

交易數據

52 Week Lo	$22.26
52 Week Hi	$30.26
AUM	$2,346.6 M
股數	82.2 M

歷史交易數據

1 個月平均量	1,449,275
3 個月平均量	1,174,003

Defiance Quantum ETF（QTUM）

QTUM 追蹤 BlueStar Quantum Computing and Machine Learning Index，投資領域包括量子計算、雲計算和機器學習相關公司的股票。量子計算和機器學習是兩項具有顛覆性潛力的技術。如果這兩項技術能夠成功開發和部署，它們將對許多產業產生重大影響。量子計算可以用於開發新藥物、設計新材料、優化交通等。機器學習可以用於自動化客戶服務、提高生產效率、改善決策等。截至 2024 年 1 月 24 日，一年的回報率為 28.85%。其費用比率為 0.40%。

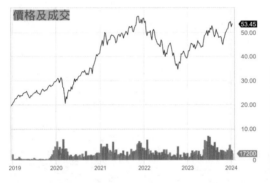

價格及成交

53.45

17200

回報	
1個月	3.11%
3個月	22.01%
今年迄今	2.49%
1年	28.85%
3年	7.03%
5年	22.70%

概況	
發行人	Defiance ETFs
品牌	Defiance
結構	ETF
費用率	0.40%
創立日	Sep 04, 2018

主題	
類別	科技股
規格	多元股
風格	混合
地區	已開發市場
地區	廣泛（具體）

歷史回報（%）對基準		QTUM	類別
2023		39.88%	無
2022		-28.79%	無
2021		35.18%	無

交易數據	
52 Week Lo	$42.02
52 Week Hi	$55.67
AUM	$207.8 M
股數	3.8 M

歷史交易數據	
1 個月平均量	30,600
3 個月平均量	25,827

AI Powered Equity ETF（AIEQ）

AIEQ 是 ETFMG 發行的 ETF，追蹤 EquBot AI Powered Equity Index。該指數由 EquBot 利用 IBM Watson 的認知和大數據處理能力，從美國上市股票中篩選出 40-70 家具有人工智能潛力的股票組成。EquBot 的人工智能模型會考慮多種因素，包括公司的財務狀況、產品和服務、技術能力以及競爭格局，針對各行業（包括醫療保健、金融和消費品）具有強大人工智慧整合能力的公司。截至 2024 年 1 月 24 日，一年的回報率為 11.29。其費用比率為 0.75%。

價格及成交

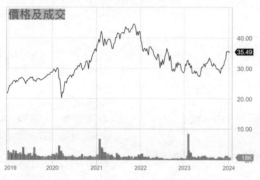

回報	
1個月	-1.87%
3個月	20.98%
今年迄今	-2.04%
1年	11.29%
3年	-3.09%
5年	8.80%

概況	
發行人	ETFMG
品牌	ETF Managers Group
結構	ETF
費用率	0.75%
創立日	Oct 17, 2017

歷史回報（%）對基準	AIEQ	類別
2022	26.47%	無
2021	-31.90%	無
2020	20.10%	無

主題	
類別	大盤增長股
規格	多元股
風格	增長
地區	北美（一般）
地區	美國（具體）

交易數據	
52 Week Lo	$26.40
52 Week Hi	$36.15
AUM	$109.2 M
股數	3.2 M

歷史交易數據	
1 個月平均量	15,015
3 個月平均量	15,865

iShares Robotics and Artificial Intelligence Multisector ETF（IRBO）

　　IRBO 追蹤紐約證券交易所 FactSet 全球機器人和人工智慧指數的表現，該指數由來自已開發和新興市場的涉及生產或使用機器人和人工智慧的公司組成，例如工業機器人、消費機器人、醫療保健機器人機器人、軟體、硬體和服務。

　　IRBO 持股佔比前三大的行業為科技 / 工業 / 醫療保健，另外第四大的行業為消費者產品。截至 2024 年 1 月 24 日，一年回報率為 15.09%。 其費用率為 0.47%。

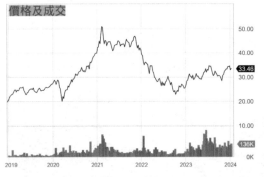

價格及成交

回報	
1個月	-2.54%
3個月	14.31%
今年迄今	-3.36%
1年	15.09%
3年	-8.20%
5年	10.16%

概況	
發行人	Blackrock Financial Management
品牌	iShares
結構	ETF
費用率	0.47%
創立日	Jun 26, 2018

主題	
類別	全球股
規格	多元股
風格	混合
地區	已開發市場
地區	廣泛（具體）

歷史回報（%）對基準		IRBO	類別
2023		36.39%	無
2022		-37.88%	無
2021		6.35%	無

交易數據	
52 Week Lo	$28.10
52 Week Hi	$35.24
AUM	$588.0 M
股數	17.8 M

歷史交易數據	
1 個月平均量	135,600
3 個月平均量	122,221

First Trust Nasdaq Artificial Intelligence & Robotics ETF （ROBT）

　　ROBT 追蹤納斯達克 CTA 人工智慧和機器人指數的表現，該指數由被歸類為人工智慧或機器人技術的公司組成，或預計將從採用這些技術中受益的企業，例如雲端運算、數據分析、機器學習等。該基金通常會將至少 90% 的淨資產（包括投資借款）投資於構成指數的普通股和預託證券。該 ETF 為人工智慧和機器人市場提供低成本和多元化的投資。截至 2024 年 1 月 24 日，一年的回報率為 11.76%。 其費用比率為 0.65%。

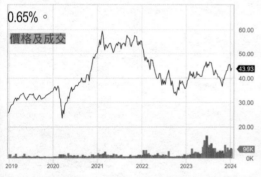

回報	
1個月	-1.71%
3個月	18.38%
今年迄今	-1.78%
1年	11.76%
3年	-6.81%
5年	10.24%

概況	
發行人	First Trust
品牌	First Trust
結構	ETF
費用率	0.65%
創立日	Feb 21, 2018

主題	
類別	科技股
規格	多元股
風格	混合
地區	已開發市場
地區	廣泛（具體）

歷史回報（%）對基準		ROBT	類別
2023		-27.77%	無
2022		-34.94%	無
2021		9.91%	無

交易數據	
52 Week Lo	$36.36
52 Week Hi	$47.68
AUM	$490.9 M
股數	11.1 M

歷史交易數據	
1 個月平均量	85,705
3 個月平均量	81,059

Innovator Deepwater Frontier Tech ETF（LOUP）

　　LOUP 是一檔積極管理的基金，投資於正在開發或利用前沿技術的公司，例如人工智慧、電腦視覺、擴增和虛擬實境、區塊鏈和量子運算。該 ETF 為前沿科技市場提供了獨特且動態的曝險，可提供高成長和與更廣泛市場的低相關性。專注於未來科技趨勢的創新性公司，而其他 ETF 則傾向於投資大型科技公司。這意味著 LOUP 的波動性可能更大。截至 2024 年 1 月 24 日，一年的回報率為 39.14%。 其費用比率為 0.70%。

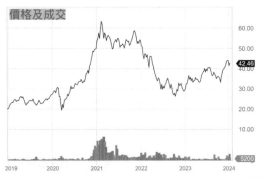

回報	
1個月	1.26%
3個月	18.84%
今年迄今	-6.19%
1年	39.14%
3年	-6.23%
5年	16.16%

概況	
發行人	Innovator
品牌	Innovator
結構	ETF
費用率	0.70%
創立日	Jul 25, 2018

主題	
類別	全球股
規格	多元股
風格	混合
地區	已開發市場
地區	廣泛（具體）

歷史回報（%）對基準		LOUP	類別
2023		51.31%	無
2022		-46.00%	無
2021		7.54%	無

交易數據	
52 Week Lo	$32.07
52 Week Hi	$44.03
AUM	$45.2 M
股數	1.1 M

歷史交易數據	
1 個月平均量	7,870
3 個月平均量	5,462

ROBO Global Robotics & Automation Index ETF（ROBO）

　　追蹤與新興機器人與自動化領域相關公司，涵蓋廣泛的技術。投資內容主要包括工業機器人、非工業機器人、自動駕駛汽車。ROBO 的投資組合約有一半是工業機器人公司，包括 ABB、KUKA、Fanuc 等。有三分之一是非工業機器人公司，包括 DJI、Innoviz、Intuitive Surgical 等；約有 10% 是自動駕駛汽車公司，包括 Waymo、Tesla、Nvidia 等。截至 2024 年 1月 24 日，一年的回報率為 7.19%。 其費用比率為 0.95%。

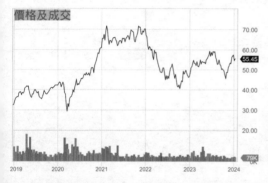

回報	
1個月	-1.26%
3個月	18.83%
今年迄今	-2.09%
1年	7.19%
3年	-5.85%
5年	10.22%

概況	
發行人	Exchange Traded Concepts ETF
品牌	iShares
結構	ETF
費用率	0.95%
創立日	Oct 22, 2013

主題	
類別	全球股票
規格	多元股
風格	混合
地區	已開發市場
地區	廣泛（具體）

歷史回報（%）對基準		ROBO	類別
2023		23.74%	無
2022		-33.92%	無
2021		15.34%	無

交易數據	
52 Week Lo	$45.40
52 Week Hi	$60.27
AUM	$1,322.9 M
股數	24.0 M

歷史交易數據	
1 個月平均量	70,735
3 個月平均量	67,659

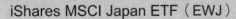

iShares MSCI Japan ETF（EWJ）

日本

EWJ 是追蹤 MSCI 日本指數的 ETF。該指數包括日本市場上約 1,600 家最大的股票。在持有的類股中以工業佔 22.07%，消費者非必需品佔 18.95%，資訊科技佔 14.97%，金融佔 12.20%，健康護理佔 8.25%，通訊佔 7.14%，必需性消費佔 5.82%，原物料佔 5.07%，不動產佔 3.23%，公用事業佔 1.15%，能源佔 0.82%，現金或衍生性金融商品佔 0.33%。截至 2024 年 1 月 24 日，一年的回報率為 16.96%。 其費用比率為 0.50%。

價格及成交

回報	
1個月	4.36%
3個月	15.28%
今年迄今	3.04%
1年	16.96%
3年	0.22%
5年	6.25%

概況	
發行人	Blackrock Financial Management
品牌	iShares
結構	ETF
費用率	0.50%
創立日	Mar 12, 1996

主題	
類別	日本
規格	多元股
風格	混合
地區	亞太發達地區
地區	日本（具體）

歷史回報（%）對基準	EWJ	類別
2023	20.32%	無
2022	-17.72%	無
2021	1.17%	無

交易數據	
52 Week Lo	$53.43
52 Week Hi	$66.85
AUM	$14,907.7 M
股數	224.3 M

歷史交易數據	
1 個月平均量	7,575,065
3 個月平均量	6,476,910

PMorgan BetaBuilders Japan ETF（BBJP）

　　BBJP 是一檔被動管理的基金，尋求與晨星日本目標市場風險敞口指數密切相關的投資結果，該指數是一個自由流通調整市值加權指數，由主要在東京證券交易所和名古屋證券交易所交易的大型和中型日本股票，包括科技、金融和消費品組成。前五大持股： 軟銀集團、豐田汽車、索尼集團、NTT Docomo 和 KDDI。每季派息，最低投資金額為 1,000 美元。截至 2024 年 1 月 24 日，一年回報率為 17.40%。其費用比率為 0.19%。

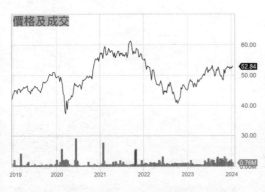

價格及成交

回報	
1個月	4.26%
3個月	15.12%
今年迄今	2.99%
1年	17.40%
3年	0.57%
5年	6.47%

概況	
發行人	JPMorgan Chase
品牌	JPMorgan
結構	ETF
費用率	0.19%
創立日	Jun 15, 2018

歷史回報（%）對基準		BBJP	類別
2023		20.64%	無
2022		-17.26%	無
2021		1.20%	無

主題	
類別	日本股
規格	大盤股
風格	混合
地區	亞太發達地區
地區	日本（具體）

交易數據	
52 Week Lo	$43.65
52 Week Hi	$54.72
AUM	$10,437.6 M
股數	191.8 M

歷史交易數據	
1 個月平均量	1,637,675
3 個月平均量	1,290,203

WisdomTree Japan Hedged Equity Fund（DXJ）

　　DXJ 主要投資於日本大型藍籌股公司，提廣泛覆蓋日本股市，涵蓋各個行業的大、中、小型公司股票，同時透過衍生性工具避險日圓匯率波動。被動式管理，追蹤 WisdomTree Japan Hedged Equity Index。該基金通常將至少 95% 的總資產投資於構成基礎指數的證券和具有與成分證券相同經濟特徵的投資。費用率為 0.48%，相比其他日本股市 ETF ，費用率適中。截至 2024 年 1 月 24 日，一年回報率為 45.86%。

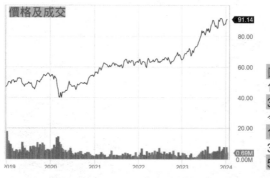

價格及成交	91.14

回報	
1個月	8.63%
3個月	13.63%
今年迄今	8.40%
1年	45.86%
3年	22.95%
5年	17.62%

概況	
發行人	WisdomTree
品牌	WisdomTree
結構	ETF
費用率	0.48%
創立日	Jun 16, 2006

歷史回報（%）對基準		DXJ	類別
2023		42.00%	無
2022		5.93%	無
2021		17.97%	無

交易數據	
52 Week Lo	$64.09
52 Week Hi	$96.05
AUM	$3,471.3 M
股數	36.4 M

主題	
類別	日本股
規格	大盤股
風格	混合
地區	亞太發達地區
地區	日本（具體）

歷史交易數據	
1 個月平均量	1,144,550
3 個月平均量	1,144,550

Vanguard Financials ETF（VFH）

　　該 ETF 追蹤 MSCI 美國可投資市場金融 25/50 指數的表現，該指數涵蓋整個美國金融業，包括銀行、保險、房地產和資本市場投資美國核心金融業。VFH 提供了低成本、多元化，並注重品質和價值的投資機會。該 ETF 獲得晨星公司五星評級，截至 2024 年 1 月 24 日，一年的報酬率為 9.28%。 費用率為 0.10%。

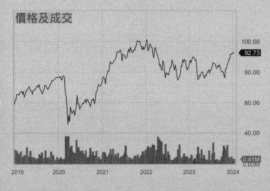

價格及成交

回報	
1個月	1.45%
3個月	20.09%
今年迄今	0.72%
1年	9.28%
3年	9.67%
5年	10.15%

概況	
發行人	Vanguard
品牌	Vanguard
結構	ETF
費用率	0.10%
創立日	Jan 26, 2004

歷史回報（%）對基準		VFH	類別
2023		14.15%	無
2022		-12.31%	無
2021		35.19%	無

交易數據	
52 Week Lo	$71.97
52 Week Hi	$93.43
AUM	$8,866.9 M
股數	95.9 M

主題	
類別	金融股票
規格	大盤股
風格	混合
地區	北美（一般）
地區	美國（具體）

歷史交易數據	
1 個月平均量	565,135
3 個月平均量	697,286

iShares U.S. Financials ETF（IYF）

　　本基金旨在追蹤 Russell 1000 Financials 40 Act 15/22.5 Daily Capped Index 的投資表現。基金通常會將至少 80% 的資產投資於其基礎指數的組成證券，以及具有與基礎指數組成證券實質相同的經濟特徵的投資。標的指數衡量美國股市金融部門的表現。截至 2024 年 1 月 24 日，一年回報率為 10.54%。 其費用比率為 0.40%。

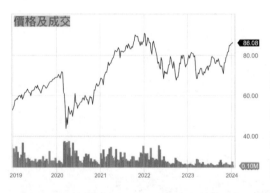

價格及成交	
	86.08

回報	
1個月	1.58%
3個月	19.60%
今年迄今	0.68%
1年	10.54%
3年	10.15%
5年	10.44%

概況	
發行人	Blackrock Financial Management
品牌	iShares
結構	ETF
費用率	0.40%
創立日	May 22, 2000

主題	
類別	金融股票
規格	大盤股
風格	混合
地區	北美（一般）
地區	美國（具體）

歷史回報（%）對基準		IYF	類別
2023		15.34%	無
2022		-11.32%	無
2021		31.60%	無

交易數據	
52 Week Lo	$65.99
52 Week Hi	$86.40
AUM	$2,236.0 M
股數	26.2 M

歷史交易數據	
1 個月平均量	269,795
3 個月平均量	192,830

Invesco KBW Bank ETF（KBWB）

　　該 ETF 追蹤 MSCI 美國可投資市場金融 25/50 指數的表現，該指數涵蓋整個美國金融業，包括銀行、保險、房地產和資本市場。該 ETF 為美國核心金融業提供低成本、多元化的投資機會，並注重品質和價值。該 ETF 獲得晨星公司五星評級，截至 2024 年 1 月 24 日，一年回報率為 -10.05%。費用率為 0.35%。

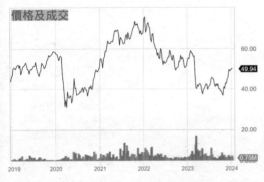

回報	
1個月	-0.31%
3個月	30.50%
今年迄今	-1.16%
1年	-10.05%
3年	-0.21%
5年	2.49%

概況	
發行人	Invesco
品牌	Invesco
結構	ETF
費用率	0.35%
創立日	Nov 01, 2011

歷史回報（%）對基準		KBWB	類別
2023		-1.16%	無
2022		-21.70%	無
2021		37.76%	無

交易數據	
52 Week Lo	$35.19
52 Week Hi	$57.38
AUM	$1,572.6 M
股數	32.3 M

主題	
類別	金融股票
規格	多元股
風格	價值
地區	北美（一般）
地區	美國（具體）

歷史交易數據	
1 個月平均量	1,068,180
3 個月平均量	1,027,897

iShares ESG Aware US Aggregate Bond ETF（EAGG）

該 ETF 追蹤道瓊美國金融指數的表現，該指數由銀行、保險、房地產和多元化金融等各個子行業的美國金融公司組成。該 ETF 以低成本和廣泛的方式涉足美國金融業，並專注於創新和多樣性。該 ETF 獲得晨星四星評級，截至 2024 年 1 月 24 日，一年回報率為 1.34%。 其費用比率為 0.10%。

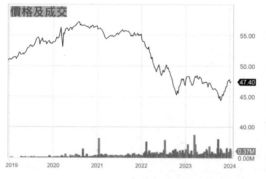

價格及成交

回報	
1個月	-0.90%
3個月	7.42%
今年迄今	-1.26%
1年	1.34%
3年	-3.61%
5年	0.68%

概況	
發行人	Blackrock Financial Management
品牌	iShares
結構	ETF
費用率	0.10%
創立日	Oct 18, 2018

主題	
類別	債券市場總量
債券類別	總類
債券期限	全期
地區	北美（一般）
地區	美國（具體）

歷史回報（%）對基準	EAGG	類別
2023	5.57%	無
2022	-13.63%	無
2021	-1.30%	無

交易數據	
52 Week Lo	$43.66
52 Week Hi	$47.96
AUM	$3,521.3 M
股數	74.6 M

歷史交易數據	
1 個月平均量	329,295
3 個月平均量	306,583

Financial Select Sector SPDR Fund（XLF）

　　該 ETF 追蹤金融精選行業指數的表現，該指數由標準普爾 500 指數中的金融公司組成，例如摩根大通（JPM）、美國銀行（BAC）和富國銀行（Wells Fargo & Co）（世界金融中心）。該 ETF 提供低成本、集中投資美國大盤金融股的機會，並專注於獲利能力和穩定性。該 ETF 獲得晨星公司五星評級，截至 2024 年 1 月 24 日，一年回報率為 8.76%。 其費用比率為 0.10%。

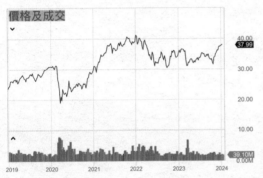

回報	
1個月	2.22%
3個月	19.12%
今年迄今	1.52%
1年	8.76%
3年	10.02%
5年	10.48%

概況	
發行人	State Street
品牌	SPDR
結構	ETF
費用率	0.10%
創立日	Dec 16, 1998

歷史回報（%）對基準		XLF	類別
2023		12.02%	無
2022		-10.60%	無
2021		34.82%	無

交易數據	
52 Week Lo	$29.97
52 Week Hi	$38.30
AUM	$35,648.1 M
股數	935.8 M

主題	
類別	金融股票
規格	大盤股
風格	混合
地區	北美（一般）
地區	美國（具體）

歷史交易數據	
1 個月平均量	39,079,336
3 個月平均量	40,688,144

iShares Global Health Care ETF（IXJ）

IXJ 追蹤 S&P Global 1200 Healthcare Sector Index，主要投資一些世界上最知名的醫療保健公司，包括聯合健康集團 (UNH)、禮來公司 (LLY) 和強生 (JNJ) 等。該 ETF 提供對醫療保健行業的敞口，行業波動性較低性，能為投資組合帶來一定程度的穩定性。包括再投資股利在內，IXJ 年初至今下跌 1.8%，與標準普爾 500 指數相比，截至 11 月 28 日，標準普爾 500 指數的回報率為 18.6%。雖然 IXJ 的投資包括十幾個經濟體和近 100 隻個股，但少數的股票佔了整個投資組合的相對大部分。截至 2024 年 1 月 24 日，一年回報率為 5.12%，費用比率 0.42% 的適度淨，股息收益率為 1.4%。

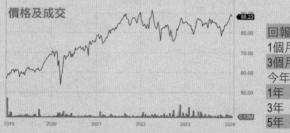

價格及成交

回報	
1個月	3.10%
3個月	9.34%
今年迄今	1.86%
1年	5.12%
3年	5.11%
5年	9.98%

概況

發行人	Blackrock Financial Management
品牌	iShares
結構	ETF
費用率	0.42%
創立日	Nov 13, 2001

主題

類別	健康與生技股
規格	大盤股
風格	混合
地區	已開發市場
地區	廣場（具體）

歷史回報（%）對基準

	IXJ	類別
2023	3.64%	無
2022	-4.93%	
2021	19.59%	

交易數據

52 Week Lo	$77.46
52 Week Hi	$89.80
AUM	$4,100.8 M
股數	46.3 M

歷史交易數據

1 個月平均量	175,925
3 個月平均量	164,644

Vanguard Health Care ETF（VHT）

　　VHT 是投資於美國醫療保健股的 ETF，美國醫療保健股歷來波動性相對較低。對於那些希望對醫療保健股進行策略傾斜或作為行業輪動策略工具的人來說，該基金更具吸引力。VHT 擁有數百隻個股，比 XLV 等其他醫療保健 ETF 廣泛得多。但該基金仍較為集中；少數股票佔整個投資組合的很大一部分，而許多較小的股票的權重很小。從費用角度來看，VHT 也很有吸引力。截至 2024 年 1 月 24 日，一年回報率為 5.06%，費用比率 0.10% 的適度淨。

價格及成交

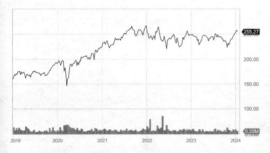

回報	
1個月	3.22%
3個月	10.86%
今年迄今	2.26%
1年	5.06%
3年	4.45%
5年	10.52%

概況	
發行人	Vanguard
品牌	Vanguard
結構	ETF
費用率	0.10%
創立日	Jan 26, 2004

歷史回報（%）對基準	VHT	類別
2023	2.51%	無
2022	-5.62%	無
2021	20.56%	無

交易數據	
52 Week Lo	$221.46
52 Week Hi	$259.57
AUM	$16,958.4 M
股數	66.4 M

主題	
類別	健康與生技股
規格	大盤股
風格	增長
地區	北美（一般）
地區	美國（具體）

歷史交易數據	
1 個月平均量	206,675
3 個月平均量	236,921

Invesco S&P 500 Equal Weight Health Care ETF （RSPH）

RSPH ETF 主要投資於醫療保健行業，追蹤來自 S&P 500 指數的美國醫療保健公司的等權重指數。該 ETF 將其總資產的至少 90% 投資於組成指數的普通股。該指數對標準普爾 500 指數中醫療保健行業的股票進行同等權重，每季度重新平衡。現時前 10 大持股公司包括 Moderna Inc、Incyte Corp、Vertex Pharmaceuticals Inc、Revvity Inc、The Cigna Group、Align Technology Inc、Viatris Inc、Catalent Inc、Illumina Inc、Merck & Co Inc。截至 2024 年 1 月 24 日，一年回報率為 0.99%，費用比率 0.40%。

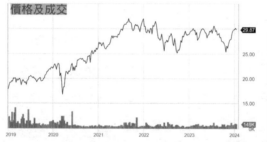

價格及成交

回報	
1個月	1.28%
3個月	13.02%
今年迄今	0.64%
1年	0.99%
3年	3.93%
5年	10.21%

概況	
發行人	Invesco
品牌	Invesco
結構	ETF
費用率	0.40%
創立日	Nov 01, 2006

主題	
類別	健康與生技股
規格	大盤股
風格	混合
地區	北美（一般）
地區	美國（具體）

歷史回報（%）對基準	RSPH	類別
2023	3.95%	無
2022	-9.40%	無
2021	23.20%	無

交易數據	
52 Week Lo	$24.99
52 Week Hi	$30.60
AUM	$978.2 M
股數	32.7 M

歷史交易數據	
1 個月平均量	134,870
3 個月平均量	120,489

Health Care Select Sector SPDR Fund（XLV）

XLV 追蹤醫療保健精選行業指數，投資於 S&P500 指數中的醫療保健板塊，包括製藥、醫療保健設備及用品、生物技術等行業的公司。XLV 是最大的產業型 ETF 之一，成分股有 9 成都投資於醫藥品、醫療保健服務等產業，風險集中在同一產業，受醫療保健產業的影響很大。這些股票預計將受益於人口老化、大流行復甦以及生物技術和醫療設備的創新。截至 2024 年 1 月 24 日，其一年回報酬率為 5.91%。費用比率為 0.10%。

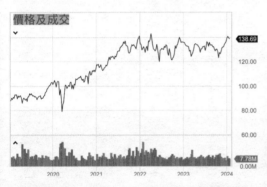

價格及成交

回報	
1個月	3.67%
3個月	9.79%
今年迄今	2.63%
1年	5.91%
3年	7.64%
5年	11.33%

概況

發行人	State Street
品牌	SPDR
結構	ETF
費用率	0.10%
創立日	Dec 16, 1998

主題

類別	金融股票
規格	大盤股
風格	增長
地區	北美（一般）
地區	美國（具體）

歷史回報（%）對基準	XLV	類別
2023	2.06	無
2022	-2.09	無
2021	26.03%	無

交易數據

52 Week Lo	$121.57
52 Week Hi	$141.56
AUM	$39,487.0 M
股數	283.0 M

歷史交易數據

1 個月平均量	7,914,605
3 個月平均量	8,741,056

SPDR S&P Biotech ETF（XBI）

　　XBI 是少數的生物技術 ETF 之一，它提供了在市場整合期間表現良好的市場的投資渠道，並且在主要藥物獲得批准時能夠大幅上漲。XBI 專注於醫療保健領域的一小部分，對於大多數尋求建立長期投資組合的投資者來説可能過於集中。XBI 專注於美國股票，主要包括中型股和小型股證券。儘管基礎指數的等權重方法確保了資產在所有組成部分之間的平衡，但 XBI 的投資組合比較有限。截至 2024 年 1 月 24 日，一年回報率為 2.39%，費用比率 0.35%。

價格及成交

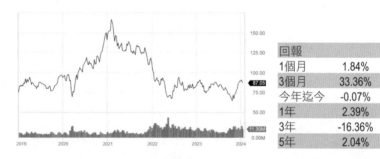

回報	
1個月	1.84%
3個月	33.36%
今年迄今	-0.07%
1年	2.39%
3年	-16.36%
5年	2.04%

概況	
發行人	State Street
品牌	SPDR
結構	ETF
費用率	0.35%
創立日	Jan 31, 2006

歷史回報（%）對基準		XBI	類別
2023		7.60%	無
2022		-25.87%	無
2021		-20.45%	無

交易數據	
52 Week Lo	$63.79
52 Week Hi	$94.32
AUM	$6,705.7 M
股數	77.0 M

主題	
類別	健康與生技股票
規格	多元股
風格	增長
地區	北美（一般）
地區	美國（具體）

歷史交易數據	
1 個月平均量	11,814,229
3 個月平均量	11,637,833

iShares U.S. Medical Devices ETF（IHI）

　　IHI 重點關注醫療保健行業中的醫療設備製造商。該領域的公司往往擁有更穩定的收入來源。由於規模較大，使得 IHI 成為接觸該行業的選擇。雖然該行業沒有與製藥行業相同的專利問題或生物技術行業的波動性，但競爭非常高，因為任何商品類型的產品都很容易複製，而對醫院來説，最重要的是效能和效率。IHI 提供了該行業的良好投資組合，對於希望擴大醫護行業整體投資的投資者來説可能是一個很好的選擇。截至 2024 年 1 月 24 日，一年回報率為 0.94%，費用比率 0.40%。

價格及成交

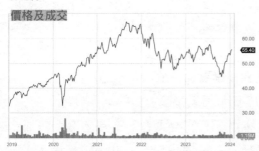

回報	
1個月	3.13%
3個月	20.16%
今年迄今	2.52%
1年	0.94%
3年	-0.10%
5年	10.01%

概況	
發行人	Blackrock Financial Management
品牌	iShares
結構	ETF
費用率	0.40%
創立日	May 01, 2006

主題	
類別	健康與生技股
規格	大盤股
風格	增長
地區	北美（一般）
地區	美國（具體）

歷史回報（%）對基準	IHI	類別
2023	3.24%	無
2022	-19.79%	無
2021	21.03%	無

交易數據	
52 Week Lo	$43.88
52 Week Hi	$57.71
AUM	$5,442.2 M
股數	98.2 M

歷史交易數據	
1 個月平均量	1,211,810
3 個月平均量	1,431,622

第五章
現貨比特幣 ETF

美國證券交易委員會（SEC）於 2024 年 1 月 10 日批准了 11 檔現貨比特幣交易所交易基金（ETF），這是一項重大的監管舉措，使普通投資者更容易將資金投入數位貨幣中。現貨比特幣 ETF 讓投資者直接投資比特幣，而無需持有比特幣。SEC 的批准是對比特幣作為一種合法投資的認可，並可能引發對數位貨幣的投資熱潮。

現貨比特幣 ETF VS 直接購買比特幣

投資現貨比特幣 ETF 與直接購買比特幣不同之處：

將資金投入比特幣 ETF 的投資者並不完全擁有任何比特幣。相反，他們擁有 ETF 的股份，這些股份代表了 ETF 持有的比特幣的一部分。

金融公司將對比特幣 ETF 的交易和管理收取費用。相比之下，購買比特幣的人直接支付交易費，但沒有管理投資的成本。

投資者押注，現貨比特幣 ETF 的出現將使投資變得更容易，不必擔心被盜，不必收考慮收藏問題，為數位貨幣注入數十億美元。

貝萊德（BlackRock）和富達（Fidelity）在金融服務領域是家喻戶曉的名字，他們進入該領域，能大力推動比特幣作為主流投資類別，同時賦予了高度波動的加密貨幣行業

合法性。

　專家表示，隨著比特幣需求的上升，其價格也會上漲，這可能會刺激更多的投資和對加密貨幣的興趣。增加對比特幣的投資，加上信譽良好的金融機構推出新產品，也可能使加密貨幣更快成為投資、支付和更廣泛開展業務的方式。

　美國證券交易委員會批准比特幣 ETF 是數位貨幣發展的重要里程碑。它將使普通投資者更容易投資比特幣，並可能引發對數位貨幣的投資熱潮。

　SEC 在 2024 年 1 月 11 日批准了以下 11 隻現貨比特幣 ETF：

BlackRock's iShares Bitcoin Trust (IBIT)

Grayscale Bitcoin Trust (GBTC)

ARK 21Shares Bitcoin ETF(ARKB)

Bitwise Bitcoin ETP Trust (BITB)

WisdomTree Bitcoin Fund (BTCW)

Fidelity Wise Origin Bitcoin Trust

VanEck Bitcoin Trust (HODL)

Invesco Galaxy Bitcoin ETF (BTCO)

Valkyrie Bitcoin Fund (BRRR)

Hashdex Bitcoin ETF (DEFI)

Franklin Bitcoin ET (EZBC)

現貨比特幣優勢

　美國證券交易委員會同時批准多項申請，引發了發行人之間激烈的費用競爭，這對投資者來說是件好事。降低費用和成本對於吸引新資產至關重要，發行人須以具有競爭力的費用進入市場。

現貨比特幣 ETF 大大降低了目前加密貨幣基金收取的高昂費用。目前，Grayscale 信託基金的收費為 2% 至 3%，最大的比特幣期貨 ETF 收費為 0.95%，與 Bitwise 現貨比特幣 ETF 的 0.20% 相去甚遠。

比特幣期貨 ETF 投資者需要支付額外費用才能從一份期貨合約轉為下一份期貨合約，而現貨比特幣 ETF 無需擔心這一點。

像灰階比特幣信託 GBTC 這樣的授予人信託由於缺乏更好的選擇而受益匪淺。GBTC 是投資者無需開設帳戶即可在加密貨幣交易所進行交易的少數幾種接觸比特幣的方式之一。它於 2013 年推出，管理資產在 2021 年達到高峰 400 億美元。這種先發優勢為灰度帶來了數十億美元的費用，部分原因是 2% 的費用高得驚人。

現貨比特幣 ETF 應該比早期的比特幣信託更密切地追蹤其資產淨值，使它們成為投資者更安全的選擇。股票每天都可以創建和贖回，這應該可以保持供需平衡。

總體而言，現貨比特幣 ETF 比比特幣期貨 ETF 更適合投資者，但它們尚未提供投資者期望的其他 ETF 的效率。

ETF 因其低成本而變得非常受歡迎。實體創建和贖回使 ETF 投資組合經理能夠限制交易，避免交易成本。現貨比特幣 ETF 目前不會從這些實體創造或贖回中受益。

SEC 現時僅批准現金增設和贖回，這意味著 ETF 在增設或贖回時需要承擔買賣比特幣的成本。交易成本可能會侵蝕現貨比特幣 ETF 的表現。對於是否購買現貨比特幣 ETF，傳統 ETF 投資者保持觀望態度。

一般 ETF 投資者可能沒經歷過像比特幣這樣的波動。過去五年，比特幣報酬率的標準差幾乎是美國股市的四倍。卜

這說明比特幣的波動大部分是向上的。但過去五年，比特幣價格曾四度下跌至少 45%，目前價格仍比歷史高點低 37%。

現貨比特幣風險

現貨比特幣 ETF 面臨加密貨幣交易所 Coinbase COIN 的交易對手風險，因現貨比特幣 ETF 發行人嚴重依賴該交易所。

Coinbase 在大多數 ETF 檔案中被稱為「比特幣託管人」，這意味著 Coinbase 將負責這些 ETF 持有的所有比特幣私鑰的安全。當需要創建和贖回時，Coinbase 也可能是 ETF 進行比特幣交易的交易所。Coinbase 是負責與 ETF 上市交易所簽訂監督共享協議的實體，這是 SEC 的一項授權，旨在更好地了解交易可能影響 ETF 價格的加密貨幣市場。這在很大程度上依賴 Coinbase 的安全度。

比特幣是一種投機性投資。它的定價沒有任何根本基礎原因。它受到供需的影響，使得未來的價格難以預測。

現貨比特幣 ETF 雖然投資的都是比特幣，但投資者可以用三個標準來選擇：費用率、流動性和交易成本。買入並持有的投資者應該考慮費用率，活躍交易的 ETF 應該關注流動性，而兩者都應注交易成本如何影響績效。

Bitwise 比特幣 ETF 的持續費用率最低為 0.20%。 ARK、Fidelity、VanEck 和 iShares 的 ETF 費用率都低於 Bitwise ETF 的 5 個基點。發行人也利用費用減免來吸引投資者。豁免後，六隻比特幣 ETF 將以 0.00% 的費用推出。每項豁免都有其自身的局限性——大多數有效期為六個月，並且僅適用於前 10 億至 50 億美元的資產。豁免是暫時的；投資者應著眼於長期。

第六章
建構 2024 年平衡的 ETF 投資組合

6.1 資產配置策略

　　資產配置策略對於建立一個成功的投資組合至關重要。這涉及將資金分配到不同類型的資產中，如股票、債券和現金，以平衡風險和回報。考慮到當前的經濟環境和市場趨勢，以及投資者的風險承受能力和投資目標，以下是一些關於如何配置 ETF投資組合的想法。

股票型 ETF和債券型 ETF的平衡

　　股票型 ETF和債券型 ETF之間的平衡至關重要。股票型 ETF，如「SPDR S&P 500 ETF Trust (SPY)」，追蹤 S&P 500指數，適合那些尋求資本增值的投資者。這些 ETF提供增長潛力，但伴隨著較高的風險。另一方面，債券型 ETF，如 iShares Core U.S. Aggregate Bond ETF (AGG)，通常風險較低，提供穩定的收入。這些 ETF適合風險厭惡的投資者。

地理和行業多元化

　　通過投資於不同國家和地區的 ETF，如 Vanguard FTSE Emerging Markets ETF (VWO)，可以降低特定市場的風險。投資於不同行業 ETF，如 Technology Select Sector SPDR Fund (XLK)和 Vanguard Real Estate ETF (VNQ)，可減少行業特定的風險。

6.2 投資組合模型範例

在 2024年構建 ETF投資組合時,考慮到市場的多樣性和投資者的不同需求,以下提供一些具體的投資組合模型範例,並解釋其配置原因。

範例 1 | 平衡型投資組合

假設一位中等風險承受能力的投資者,希望建立一個平衡型投資組合。以下是一個可能的配置:

這個組合可能包括 50%的股票型 ETF,其中 30%配置於 SPDR S&P 500 ETF Trust (SPY),20%配置於 Vanguard FTSE Emerging Markets ETF (VWO)。此外,40%配置於 iShares Core U.S. Aggregate Bond ETF (AGG),以提供穩定的收入和降低波動性。最後,10%配置於 Technology Select Sector SPDR Fund (XLK),以把握科技行業的增長機會。

這種配置的原因是多方面的。股票型 ETF的配置旨在把握股市的增長潛力,同時通過地理和行業多元化降低風險。股票型 ETF,特別是追蹤大型股指數如 S&P 500的 SPDR S&P 500 ETF Trust (SPY),提供了參與美國主要公司增長的機會。這些公司通常在全球經濟中佔有重要地位,具有較強的盈利能力和市場影響力。

將一部分資金投資於「Vanguard FTSE Emerging Markets ETF (VWO)」,可以把握新興市場的增長動力。新興市場如中國、印度等國家的經濟增長速度通常超過發達國家,提供較高的回報潛力。

債券型 ETF提供穩定的收入來源,並在市場下跌時提供保護。

在穩定收入和風險對沖方面, iShares Core U.S. Aggregate Bond ETF (AGG)投資於多種債券,包括政府債、企業債和抵押貸款支持證券。這種多元化的債券投資可以在股市波動時提供穩定的收入

來源，並作為風險對沖工具，減少整體投資組合的波動性。

行業專注型 ETF的配置則是為了把握特定行業的增長機會，同時增加投資組合的多樣性。投資於特定行業的 ETF，如 Technology Select Sector SPDR Fund（XLK），可以專注於科技行業的增長機會。科技行業是當前和未來經濟增長的主要驅動力，涵蓋了創新的公司和快速發展的領域，如人工智慧、雲計算和電子商務。

在 2024年，建立一個平衡的 ETF投資組合需要考慮到市場的多元性和不同資產類別的特點。通過在股票型 ETF和債券型 ETF之間進行合理的配置，投資者可以在追求增長的同時管理風險。專注於具有高增長潛力的行業，如科技，則可以進一步提高投資組合的表現潛力。這種策略的關鍵在於平衡，既要把握增長機會，也要注意風險控制，以達到長期穩定的投資回報。

範例 2 | 平衡型投資者

假設一位投資者希望在追求穩健增長的同時，保持適度的風險控制。以下是一個適合中等風險承受能力的投資者的平衡型投資組合：

首先，讓我們來看股票型 ETF的配置，佔投資組合的 60%，分為三個主要部分：

美國大型股 ETF（30%）：以 SPDR S&P 500 ETF Trust (SPY)替代 Vanguard S&P 500 ETF (VOO)。這種 ETF同樣追蹤 S&P 500指數，提供對美國大型股的廣泛曝露。這些股票代表了美國經濟的核心，並在市場波動時通常能保持較好的穩定性。VOO同樣提供了 7-10% 的長期平均回報率。

新興市場 ETF（20%）：Vanguard FTSE Emerging Markets ETF

(VWO)的替代，可以選擇 iShares MSCI Emerging Markets ETF (EEM)。EEM也專注於新興市場，提供對這些高增長潛力市場的曝露。這些市場的增長潛力較高，過去幾年的平均年回報率達到 12-15%，但有較高的波動性。

科技行業 ETF（10%）：替代 Technology Select Sector SPDR Fund (XLK)的是 Vanguard Information Technology ETF (VGT)。VGT專注於科技行業，涵蓋了一系列從成熟的科技巨頭到新興的科技創新公司。科技行業的年回報率常超過 20%，但也面臨較高的市場波動風險。

債券型 ETF佔投資組合的 30%，提供穩定的收入來源，並在市場下跌時作為風險對沖。

美國綜合債券 ETF（30%）：作為 iShares Core U.S. Aggregate Bond ETF (AGG)的替代，可以選擇 Vanguard Total Bond Market ETF (BND)。BND同樣投資於廣泛的美國債券市場，包括政府債、企業債和抵押貸款支持證券。這種多元化的債券投資能在股市波動時提供穩定的收入來源，並減少整體投資組合的波動性。BND的年回報率通常在 3-5%，波動性相對較低。

最後，其他資產配置佔投資組合的 10%，進一步分散風險。

黃金和商品 ETF（5%）：替代「SPDR Gold Trust (GLD)」的是 iShares Gold Trust (IAU)。IAU同樣提供對黃金的投資，作為避險資產，在經濟不確定或通脹環境下表現良好。黃金的長期回報率雖然不高，通常在 1-2%，但在市場動蕩時期可提供穩定性。

房地產 ETF（5%）：作為 Vanguard Real Estate ETF (VNQ)的替代，可選擇 iShares U.S. Real Estate ETF (IYR)。IYR提供對美國房地產市場的廣泛曝露，這類投資通常與經濟周期有不同的相關性，並可帶來穩定的租金收入。IYR的平均年回報率通常在 4-6%之間。

綜合以上各點，這個平衡型投資組合模型結合了股票型 ETF 和債券型 ETF的穩健配置，並加入了對新興市場、科技行業、黃金和房地產的投資。這樣的配置旨在為投資者在不同市場環境下提供穩定性，同時把握增長機會。

範例 3 | 保守型投資組合

這種投資組合適合風險厭惡的投資者，尤其是那些尋求穩定收入和保護本金的人。

債券型 ETF（70%）：重點投資於政府債券和高信用評級的企業債券 ETF，如 iShares Core U.S. Aggregate Bond ETF (AGG)。

股票型 ETF（20%）：選擇低波動性的股票型 ETF，如 Vanguard Dividend Appreciation ETF (VIG)，注重於長期穩定增長的大型股。

黃金或商品 ETF（10%）：作為避險資產，投資於 SPDR Gold Trust (GLD)等，以對沖通脹和市場不確定性。

範例 4 | 積極型投資組合

對於那些風險承受能力較高且尋求長期資本增值的投資者，建立一個積極型投資組合是較為理想的策略。以下是一個積極型投資組合的建議模型，包括各類ETF的配置及其相應的回報數據。

股票型 ETF（80%）：這部分投資集中於具有較大增長潛力的市場和行業。

新興市場 ETF：iShares MSCI Emerging Markets ETF (EEM)專注於新興市場，如中國、印度等。這些市場的增長潛力較高，過去幾年的平均年回報率達到 12-15%，但伴隨著較高的波動性。

科技行業 ETF：Technology Select Sector SPDR Fund (XLK)專注

於科技行業，涵蓋了從成熟的科技巨頭到新興的科技創新公司。科技行業的年回報率常超過 20%，但也面臨較高的市場波動風險。

債券型 ETF（10%）：這部分投資旨在提供穩定的收入來源並作為風險對沖。

短期企業債券 ETF：Vanguard Short-Term Corporate Bond ETF (VCSH)投資於短期企業債券。這類債券通常提供較低的回報，但風險也相對較小。VCSH的年回報率通常在 2-3%之間。

替代投資 ETF（10%）：這部分投資旨在增加多元化並把握其他市場機會。

房地產 ETF：Vanguard Real Estate ETF (VNQ)提供對房地產市場的曝露。房地產投資通常與經濟周期有不同的相關性，並可帶來穩定的租金收入。VNQ的平均年回報率通常在 4-6%之間。

綜合來看，這個積極型投資組合模型通過高比重的股票型 ETF配置，尤其是在新興市場和科技行業，旨在追求較高的資本增值。同時，通過配置一定比例的債券型 ETF和房地產 ETF，投資組合在追求增長的同時也考慮到了風險分散和穩定收入的需要。

範例 5 ｜ 收入型投資組合

對於那些尋求穩定現金流的投資者，特別是退休人士，一個收入型投資組合才是理想的選擇。這種組合的目標是提供穩定的收入，同時保持一定程度的資本保值。以下是一個收入型投資組合的模型。

高股息股票型 ETF（50%）：這部分投資專注於高股息支付的公司。

ETF 範例：Vanguard High Dividend Yield ETF (VYM)。VYM 專注於那些提供高於平均水平股息的公司，這些公司通常財務穩健，能

夠在各種市場條件下提供穩定的現金流。VYM 的平均年股息收益率通常在 3-4% 之間。

債券型 ETF（40%）：投資於提供穩定利息收入的債券 ETF。

ETF 範例：「iShares Core Total USD Bond Market ETF (IUSB)」。IUSB 投資於廣泛的美國債券市場，包括政府債、企業債和抵押貸款支持證券。這種多元化的債券投資能夠提供穩定的利息收入，年回報率通常在 2-3% 之間。

房地產 ETF（10%）：提供額外的收入來源，並對沖通脹風險。

ETF 範例：Vanguard Real Estate ETF (VNQ)。VNQ 提供對房地產市場的曝露，這類投資通常與經濟周期有不同的相關性，並可帶來穩定的租金收入。VNQ 的平均年回報率通常在 4-6% 之間。

這個收入型投資組合模型通過高比重的高股息股票型 ETF 和債券型 ETF 配置，旨在為投資者提供穩定的現金流。同時，通過配置一定比例的房地產 ETF，投資組合在追求穩定收入的同時也考慮到了通脹對沖和資本保值的需要。這種策略適合那些尋求穩定收入且風險承受能力較低的投資者，特別是退休人士。

6.3 年中調整與監控、重新平衡投資組合

定期檢視 ETF的表現至關重要。這包括與其基準指數或相關市場的表現進行比較，考慮總回報、風險調整後的回報和成本因素。例如，季度或年度檢視可以揭示哪些 ETF表現優異，哪些可能需要重新考慮。投資者還應關注宏觀經濟指標、行業發展趨勢、政策變化等因素，這些都可能對 ETF的表現產生影響。例如，政府的財政政策、中央銀行的利率決策或特定行業的技術創新都可能對某些ETF產生重大影響。

根據市場變化和個人風險承受能力調整資產配置更是重中之重。這可能意味著從股票型 ETF轉向債券型 ETF，或者相反。定期重新平衡，例如每年一次，可以幫助維持原始的資產配置比例。此外，當某個資產類別的比重超過預定閾值時，應進行調整。

現代投資組合理論（MPT）強調資產之間的相關性和分散投資的重要性。這意味著投資者應該尋求在不同資產類別之間建立一個平衡，以最大化預期回報，同時控制風險。

有效的 ETF投資組合管理需要結合績效評估、市場趨勢分析和理論框架，以做出明智的投資決策。定期的評估和調整有助於投資者應對市場變化，把握機會，並管理風險，從而實現投資目標。

技術分析關注市場價格和交易量的趨勢。雖然對於長期投資者來說這不是主要的工具，但它可以幫助識別市場趨勢和潛在的買賣時機。

範例 6 ｜ 重新平衡的策略

在投資世界中，市場的波動性是不可避免的，這就要求投資者定期重新平衡他們的投資組合，以保持與其風險承受能力和長期投資目標的一致性。以下案例，展示了如何通過重新平衡策略來管理一個 ETF投資組合。

股票型ETF：60%的資金投資於SPDR S&P 500 ETF Trust (SPY)，

這是一個追蹤 S&P 500指數的 ETF，代表了美國大型股的表現。

債券型 ETF：40%的資金投資於 iShares Core U.S. Aggregate Bond ETF（AGG），這是一個覆蓋廣泛美國債券市場的 ETF，提供了投資組合的穩定性。

2023年，股市經歷了一段強勁的上漲期，導致 SPDR S&P 500 ETF Trust（SPY)的價值顯著增加。相比之下，iShares Core U.S. Aggregate Bond ETF（AGG)的表現則相對穩定。這種不對稱的表現導致股票型 ETF在投資組合中的比重增加到 70%，而債券型 ETF的比重降至 30%。

為了恢復原始的資產配置比例，即 60%的股票型 ETF和 40%的債券型 ETF，投資者需要賣出一部分 SPDR S&P 500 ETF Trust（SPY)，以將其在投資組合中的比重從 70%降低到 60%。

利用賣出 SPY所得的資金，投資者增加「iShares Core U.S. Aggregate Bond ETF（AGG）」的持有量，將其在投資組合中的比重從 30%提升到 40%。

這種重新平衡的行動有助於降低整體投資組合的風險，因為它減少了對股市表現的依賴，並增加了債券帶來的穩定性。此外，這也是一種紀律性的投資策略，有助於投資者避免市場的極端波動和情緒化反應，從而更好地達到長期的投資目標。

定期重新平衡投資組合是重要的投資管理策略，尤其是在市場波動時。透過定期檢視和調整資產比例，投資者可以更好地管理風險，並把握市場提供的機會。這種策略要求投資者保持紀律和客觀，避免因市場波動而做出衝動決策，從而實現長期穩定的投資回報。

考慮稅務影響

在進行年中調整和重新平衡時，也需要考慮到交易可能產生的稅務影響。對於美國公民，投資 ETF時，長短期稅務考慮是必

須關注的重要方面。

如果在一年（或更短時間）內買賣 ETF，則可能需要支付短期資本利得稅。短期資本利得通常按照較高的稅率徵稅，通常等同於個人所得稅率。

ETF可能會分配股息或利息收入，這些收入在收到時通常需要納稅。某些 ETF可能會分配資本利得，這些在短期內也可能會被徵稅。

如果持有 ETF超過一年再出售，則可能需要支付長期資本利得稅。長期資本利得稅的稅率通常低於短期資本利得稅率，這鼓勵長期投資。

ETF通常被認為是稅效率較高的投資工具，特別是與相互基金相比。ETF的結構可以減少資本利得分配，這意味著在持有期間可能會有較低的稅負。

對於非美國公民或在其他國家納稅的個人，稅務情況可能會有所不同。不同國家有各自的稅法和規定，這些規定可能影響ETF投資的稅務處理方式。例如，某些國家可能對資本利得和股息收入有不同的稅率，或者可能有不同的持有期限來區分短期和長期資本利得。

這意味著在某些情況下，香港和美國的納稅人可能需要在兩個司法管轄區內分別繳納稅款，這可能導致雙重徵稅的情況。香港居民投資美國ETF並從中獲利時，其稅務責任取決於多種因素，包括資本利得和股息收入的性質。以下是一些基本指導原則：

香港居民從美國 ETF獲得的股息收入通常需要向美國政府繳納稅款。美國對非居民的股息收入徵收 30%的稅率，但這個稅率可能會根據特定情況有所不同。

對於非美國居民（包括香港居民）來說，通常不需要為其從美國股票或 ETF的資本利得繳納美國稅款。這意味著無論是短期還是長期的資本利得，香港居民通常不需要在美國繳納相關稅款。

需要注意的是，非美國居民持有的美國資產（包括股票和ETF）可能會受到美國遺產稅的影響。

雖然香港居民可能不需要為美國 ETF的資本利得繳稅，但他們可能需要完成某些稅務申報手續，例如提交 W-8BEN表格以證明非美國居民的身份。

雖然在美國可能不需要為資本利得繳稅，香港居民仍需考慮其在香港的稅務責任。由於香港採用源泉地稅制，通常只對在香港源泉的收入徵稅，而且截至目前作未有開徵資本增值稅——雖然香港現任財政司曾公開有所提及。

應對市場波動策略

市場波動是投資者不可避免要面對的情況，如何應對市場波動，保護和增加投資收益，是投資者關注的重要問題，故此有必要了解一些應對市場波動的策略和方法，包括建立緩衝策略、使用止損策略和投資組合的動態管理。

首先，建立緩衝策略是在市場下跌時減少損失和捕捉機會的方法。緩衝策略的核心是持有一定比例的現金或現金等價物，這些資產的特點是流動性高、收益穩定、風險低，可以在市場下跌時為投資組合提供緩衝，減少投資組合的總體波動，同時也可以在市場調整時提供購買低估資產的機會，從而提高長期的投資回報。投資者在決定緩衝比例時，應該根據自己的風險承受能力和投資目標來進行，一般來說，越保守的投資者，應該持有越高的緩衝比例。

投資者在選擇現金等價物時，可以考慮銀行存款、貨幣基金、短期債券等不同的選擇，並根據自己的資金需求和收益期望來實行。投資者在執行緩衝策略時，應該定期檢視自己的緩衝比例，並根據市場情況和自己的投資策略進行調整，例如在市場上漲時減少緩衝比例，增加高收益資產的比例，反之亦然。

其次，使用止損策略是一種在市場急劇下跌時限制損失和保護本金的方法。止損策略的核心是對於特定的 ETF 持倉，設定一個預先決定的價格或百分比，當市場價格跌破這個價格或百分比時，即自動出售該持倉，從而避免進一步的損失。投資者在決定止損點時，應該根據自己的風險承受能力和投資目標來進行，一般來說，越保守的投資者，應該設定越低的止損點。投資者在使用止損單時，可以選擇不同類型的止損單，例如固定價格止損單、百分比止損單、追蹤止損單等，這些止損單可以幫助投資者在市場波動時自動執行交易，減少情緒干擾和人為錯誤。投資者在執行止損策略時，應該定期檢視自己的止損點，並根據市場情況和自己的投資策略進行調整，例如在市場上漲時提高止損點，鎖定利潤，反之亦然。

最後，投資組合的動態管理是一種在市場變化時調整投資策略和資產配置的方法。動態管理的核心是保持靈活，根據市場條件和個人投資策略進行適時的調整，從而提高投資組合的效率和效果。投資者在進行動態管理時，應該關注市場的趨勢和信號，例如經濟數據、政策變化、行業動態、技術指標等，這些因素可能影響投資組合的表現和風險。投資者在進行動態管理時，應該根據市場的變化，調整自己的資產配置，例如在市場看漲時增加股票、商品等高風險高收益的資產，減少債券、現金等低風險低收益的資產，反之亦然。

投資者在進行動態管理時，可根據市場的變化，調整自己的投資風格，例如在市場繁榮時傾向於成長型投資，選擇高增長的公司，而在市場衰退時傾向於價值型投資，選擇被低估的公司。

應對市場波動是投資者必須面對的問題，但也是投資者提高投資技能和收益的機會。通過建立緩衝策略、使用止損策略和投資組合的動態管理，投資者可以在市場波動中保持冷靜和理性，並根據自己的投資目標和時間視線，制定和執行合適的投資計劃。

第七章
ETF 投資的未來

7.1 ETF結構的新興趨勢

隨著 2024年的到來，ETF市場正迎來一系列創新和變革，這些新興趨勢不僅體現了投資者需求的演變，也反映了金融市場創新的步伐。以下是一些顯著的新興趨勢及具體例子和說明：

主動管理 ETF的興起｜傳統上，ETF以追蹤特定指數為主，但現在像「ARK Innovation ETF（ARKK）」這樣的主動管理 ETF越來越受歡迎。這些 ETF不僅僅追蹤指數，而是由基金經理根據市場研究主動選擇投資組合，尋求超越市場平均水平的回報。

ESG和可持續投資 ETF的增長｜環境、社會和治理（ESG）問題日益受到重視，導致像「iShares Global Clean Energy ETF（ICLN）」這樣的可持續投資 ETF受到追捧。這些 ETF專注於投資於符合特定ESG標準的公司，如可再生能源和社會責任企業。

創新和專題 ETF的出現｜隨著市場對新興技術和趨勢的關注，專題 ETF如「Global X Robotics & Artificial Intelligence ETF (BOTZ)」應運而生，專注於投資於人工智能、機器人技術等前沿領域。

智能 Beta策略的應用｜在當今的 ETF市場中，智能 Beta策略

正迅速成為受歡迎的投資方法。這種策略結合了傳統被動指數追蹤和主動投資管理的元素，提供比傳統市值加權指數更優的風險調整回報。

智能 Beta策略基於市場因子，如價值、動量、質量、低波動性或股息收益率。這些因子在歷史上顯示出超越市場平均水平的潛力，為投資者提供了一種更精細化的資產配置方法。

與主動管理基金相比，智能 Beta ETF採用透明且固定的規則來選擇和權重其持有的股票，減少了人為選擇的偏見和錯誤。

智能 Beta策略的目標是提高投資組合的風險調整回報。例如，一個低波動性智能 Beta ETF會選擇波動性較低的股票，以降低整體投資組合的風險。雖然智能 Beta ETF的管理比傳統被動指數 ETF複雜，但它們通常仍然比主動管理基金具有更低的費用比率。智能 Beta ETF提供了較高的透明度，因為其持股是基於可公開查詢的固定規則。

以 iShares Edge MSCI Min Vol USA ETF (USMV)為例，這個 ETF追蹤的是一個由美國低波動性股票組成的指數。通過選擇波動性較低的股票，USMV旨在減少整體投資組合的風險，同時追求穩健的回報。

智能 Beta策略為投資者提供了一種介於被動和主動管理之間的選擇，使他們能夠根據特定的投資目標和風險偏好來優化投資組合。隨著投資市場的不斷發展和創新，智能 Beta策略預計將繼續演進，為投資者帶來更多多樣化和精細化的投資選擇。

定制化和個人化 ETF解決方案 ｜隨著金融科技的進步和投資者需求的日益多樣化，ETF市場正在見證定制化和個人化解決方案的興起。這些解決方案允許投資者根據自己的特定需求和投資目

標來定制 ETF投資組合。

定制化 ETF允許投資者根據自己的風險承受能力、投資期限和特定的財務目標來定制投資組合。這與傳統的預設式投資產品不同,能夠更好地滿足個人化的投資需求。

投資者可以選擇不同的資產類別、地區、行業或主題來構建他們的 ETF投資組合。這種靈活性使得投資者能夠更好地應對市場變化和個人情況的變動。

許多定制化 ETF解決方案是通過先進的技術平台提供的,這些平台使用演算法來幫助投資者選擇和管理他們的投資組合。定制化 ETF提供了高度的透明度,投資者可以清楚地了解他們的資金投向哪裡,並能夠根據需要調整投資組合。

一個定制化 ETF解決方案的例子是「Motif Investing」平台。這個平台允許投資者根據特定的主題、趨勢或個人信念來創建和管理自己的 ETF投資組合。例如,對可持續能源感興趣的投資者可以通過 Motif平台創建一個專注於清潔能源公司的 ETF投資組合。

定制化和個人化的 ETF解決方案為投資者提供了前所未有的靈活性和控制權,使他們能夠根據自己獨特的需求和目標來構建投資組合。隨著技術的進步和市場的發展,這種趨勢預計將繼續增長,為投資者帶來更多創新和個性化的投資選擇。

跨境和全球 ETF | 跨境和全球 ETF是一種讓投資者能夠輕鬆投資於全球市場的金融工具。這些 ETF提供了一種簡便的方式來獲得多個國家和地區的市場曝露,從而幫助投資者實現投資組合的地理多元化。

跨境和全球 ETF能夠投資於多個國家和地區的股票或債券市場,包括新興市場和已開發市場。這種廣泛的覆蓋範圍為投資者

提供了一種方便的方式來獲得全球市場的曝露。

通過投資於不同國家和地區的資產，跨境和全球 ETF有助於分散特定市場或地區的風險。與傳統的國際投資相比，這些 ETF通常提供較低的交易成本和管理費用，使得投資全球市場更加容易和經濟。

Vanguard Total World Stock ETF (VT)是一個全球股票 ETF，投資於來自全球各地的大型、中型和小型公司。這個 ETF涵蓋了全球市場，包括美國、歐洲、亞洲和新興市場，為投資者提供了一個簡單的方式來獲得全球股票市場的曝露。

iShares Global 100 ETF (IOO)專注於投資於全球 100家最大的跨國公司，包括美國、歐洲和亞洲的公司。這個 ETF為投資者提供了一個便捷的途徑來投資於全球最大和最具影響力的公司。

跨境和全球 ETF為希望獲得全球市場曝露的投資者提供了一個高效、成本低廉的選擇。這些 ETF的多樣性和靈活性使得它們成為實現地理多元化和分散投資風險的理想工具。

AI驅動 ETF │ 隨著科技的進步，特別是在人工智能（AI）和大數據領域，一些 ETF開始利用這些先進技術來優化其投資策略。這些使用 AI和大數據的 ETF通過分析大量數據和市場趨勢，來識別投資機會並做出投資決策。這些 ETF利用大數據分析來識別市場趨勢、評估股票的潛在價值，並預測市場動向，超越了傳統的基本面和技術分析。

通過使用 AI算法，這些 ETF能夠自動化投資過程，從而提高效率並減少人為錯誤。AI和大數據技術使得這些 ETF能夠快速響應市場變化，並根據最新數據動態調整其投資策略。

利用先進的數據分析工具，這些 ETF能夠更有效地識別和管

理投資風險。

　　EquBot AI Powered Equity ETF (AIEQ)是一個利用 IBM的 Watson AI進行投資決策的 ETF。它分析大量的市場數據、財報信息和新聞來選擇股票。這種方法使得 AIEQ能夠發現傳統投資方法可能忽略的機會。

　　Global X Robotics & Artificial Intelligence ETF (BOTZ)本身不是由 AI 驅動，但它投資於全球領先的人工智能和機器人技術公司。這使得投資者能夠直接參與到 AI和機器人技術的成長趨勢中。

　　使用人工智能和大數據的 ETF代表了金融科技的最新進展，為投資者提供了一種新的投資工具。這些 ETF通過先進的數據分析和自動化的投資過程，能夠提供獨特的市場洞察和投資機會。隨著 AI和大數據技術的不斷發展，我們可以預期這類 ETF將繼續創新並為投資者帶來更多的選擇和機會。這些技術的應用不僅能夠提高投資決策的質量，還能夠為投資者提供更加個性化和精細化的投資選擇，從而更好地滿足他們的投資需求和風險偏好。隨著市場的不斷演進，使用人工智能和大數據的 ETF無疑將在未來的投資領域中扮演越來越重要的角色。

　　透明度和報告的改進｜ ETF（交易所交易基金）的透明度和報告一直是投資者關注的重點。近年來，隨著投資者對更高透明度的需求增加，以及監管機構對資訊披露要求的提升，ETF的透明度和報告質量有了顯著的改進。

　　現代 ETF提供了更頻繁和更詳細的持倉信息。許多 ETF現在提供每日的持倉披露，使投資者能夠實時了解其投資組合的具體組成。

　　ETF提供商正在改善對於管理費用、交易成本和其他相關費用

的披露。這使得投資者能夠更清楚地了解投資成本。

ETF的表現報告也變得更加全面，包括歷史回報率、風險指標（如波動性）和與基準指數的比較。

投資者現在可以獲得更多關於 ETF風險管理策略的信息，包括市場風險、信用風險和流動性風險等方面的詳細說明。

監管機構對 ETF的透明度和報告質量提出了更高的要求，強制 ETF提供商提供更全面和及時的信息。

作為全球最大的 ETF提供商之一，iShares提供了詳細的每日持倉信息，以及全面的成本和性能數據。Vanguard以其低成本和高透明度著稱，提供了詳細的費用結構和性能分析報告。

透明度和報告的改進使得 ETF成為更加受投資者青睞的投資工具。這些改進不僅增強了投資者對 ETF投資的信心，還提高了市場的整體效率和公平性。隨著技術的進步和監管環境的發展，我們可以預期 ETF透明度和報告質量將繼續提升，從而更好地滿足投資者的需求和期望。

7.2 監管環境及其影響

ETF作為一種結合了傳統共同基金和股票特點的金融工具,在全球範圍內迅速增長。隨著其在全球投資市場中的地位日益重要,各國和地區的監管機構也在不斷調整和更新其監管策略,以確保市場的穩定和投資者的保護。

美國證券交易委員會(SEC)正在考慮對 ETF的交易進行限制,以防止市場操縱。近年來 SEC在 ETF監管上的調整,包括對主動管理 ETF和使用衍生工具的 ETF的態度變化。SEC正在研究是否應要求 ETF發行人披露更多有關其交易流程的信息,並限制 ETF的交易頻率。這些限制可能會對 ETF投資產生影響。

SEC之所以考慮對 ETF交易進行限制,是因為 ETF的交易量近年來大幅增加,引發了市場操縱的擔憂。例如,一些投資者利用ETF進行套利交易,以獲取短期收益。這些套利交易可能會導致ETF價格的波動,給投資者帶來風險。

SEC提出的限制措施包括:

1. 要求 ETF發行人披露更多有關其交易流程的信息,例如交易頻率、交易對手和交易價格。

2. 限制 ETF的交易頻率,例如每個交易日最多交易一次。如SEC最終採納這些限制措施,將對 ETF投資產生多方面的影響,包括增加投資者對 ETF的交易成本、降低 ETF的交易效率、限制投資者套利交易的機會。

3. 歐洲證券和市場管理局(ESMA)正在制定新的 ETF監管規則。ESMA的新規則將要求 ETF發行人披露更多有關其投資組合和風險的信息。這些規則將有助於投資者做出更明智的投資決策。

ESMA的新規則包括:

1. 要求 ETF發行人披露其投資組合的詳細信息,例如所持有

的資產、資產的權重和資產的估值方法。

2. 要求 ETF發行人披露其投資組合的風險,例如波動性、回報率和流動性。

這些規則將有助投資者更好地了解 ETF的投資組合和風險,從而做出更明智的投資決策。

中國證券監督管理委員會(CSRC)也正在研究允許 ETF在中國上市。此舉將為中國投資者提供新的投資機會。

目前,中國的 ETF市場仍然比較小,只有約 100隻 ETF。如果CSRC允許 ETF在中國上市,將為中國投資者提供更多的投資選擇,並降低投資門檻。CSRC正在研究允許 ETF在中國上市的相關政策,預計將在未來幾年內推出。

7.3 ETF 交易的技術進步

ETF（交易所交易基金）的交易技術進步是近年來金融科技發展的一個重要方面。這些技術進步不僅提高了交易效率和透明度，還為投資者提供了更多的交易工具和策略。以下是一些關鍵的技術進步及其對 ETF交易的影響：

電子交易平台的發展｜隨著科技的快速發展，特別是在金融科技領域，ETF的電子平台也在不斷進化和創新。這些平台的發展不僅提高了交易的便利性和效率，還為投資者提供了更多的信息和工具，幫助他們做出更好的投資決策。以下是對 ETF電子平台發展的一些關鍵點和趨勢。

現代 ETF電子平台提供了直觀、易於使用的交易界面，使投資者能夠輕鬆地買賣 ETF。這些平台通常包括實時報價、圖表分析和交易歷史記錄。許多平台提供了豐富的市場數據和分析工具，包括市場趨勢、ETF持倉分析、風險評估等，幫助投資者做出更加信息化的決策。

ETF電子平台越來越注重提供個性化體驗，包括定制化的投資建議、投資組合管理工具和個人化的通知設置。隨著智能手機和平板電腦的普及，移動交易成為 ETF電子平台的重要組成部分。投資者現在可以隨時隨地進行交易和監控投資組合。

一些平台引入了自動化投資顧問和機器人顧問服務，這些服務使用先進的算法來幫助投資者建立和管理他們的投資組合，並提供定制的投資建議。

Robinhood是一個流行的投資平台，以其用戶友好的界面和零交易費用而聞名。該平台允許用戶輕鬆購買和出售 ETF，並提供實時市場數據和簡單的圖表工具。

Betterment是一個自動化投資平台，提供機器人顧問服務。它

根據用戶的風險偏好和投資目標，自動建立和調整ETF投資組合。

ETF電子平台的發展為投資者提供了前所未有的便利和靈活性，使他們能夠更有效地參與市場。這些平台的創新不僅限於改善交易體驗，還包括提供先進的分析工具和個性化的投資建議。

高頻交易（HFT）和算法交易 | 高頻交易（High-Frequency Trading, HFT）和算法交易是現代金融市場中兩種重要的交易方式，它們利用先進的技術和複雜的算法來執行交易。雖然這兩種交易方式有所相似，但它們各自有獨特的特點和應用領域。

高頻交易是一種利用強大計算能力來執行極速交易的方法。它通常涉及在極短的時間內（毫秒甚至微秒級別）執行大量交易。HFT使用先進的技術和高速數據連接來實現快速交易。交易決策由算法自動做出，無需人工干預。HFT策略經常利用市場的微小價格差異或其他短期交易機會。HFT常用於套利交易、市場做市、流動性挖掘等策略。

算法交易是指使用預定的算法來自動執行交易的過程。這些算法根據特定的規則和條件來做出交易決策。算法交易可以執行各種策略，包括趨勢追蹤、統計套利、市場做市等。通過自動化交易過程，算法交易減少了人為情緒和錯誤的影響。算法可以在適當的時機快速執行大量交易，提高交易效率和執行質量。

算法交易被廣泛應用於風險管理、交易成本控制、大宗交易執行等領域。

雖然 HFT是算法交易的一種形式，但不是所有的算法交易都是高頻交易。HFT的核心在於其極高的交易速度和頻率，而算法交易則更加注重交易策略的自動化和優化。此外，HFT通常需要更高的技術和基礎設施投入，例如高速數據連接和先進的計算資源，

而算法交易則可以在相對較低的技術要求下執行。

高頻交易和算法交易都是現代金融市場不可或缺的部分,它們利用先進的技術來提高交易效率和效果。HFT專注於利用極快的交易速度來捕捉市場機會,而算法交易則更多地集中於利用自動化策略來優化交易決策和執行。這兩種交易方式都對市場流動性、價格發現和交易成本有重要影響。

區塊鏈技術的應用 │ 區塊鏈技術在 ETF領域的應用是一個相對較新的趨勢,它開啟了創新金融產品的大門。這些基於區塊鏈的 ETF不僅提供了投資區塊鏈技術公司的機會,還在 ETF的運作和管理上帶來了潛在的改進。以下是區塊鏈技術在 ETF領域的一些具體應用和例子。

一些ETF專注於投資那些從事區塊鏈技術開發和應用的公司。這類 ETF為投資者提供了一種便捷的方式來參與區塊鏈行業的成長。利用區塊鏈技術,ETF交易和持倉記錄可以在一個去中心化、不可篡改的分布式賬本上進行記錄,從而提高透明度和安全性。

區塊鏈技術可以簡化交易和記錄保持過程,減少中介機構的需要,從而降低運營成本並提高市場效率。

Reality Shares Nasdaq NexGen Economy ETF (BLCN)是一個追蹤區塊鏈技術公司的 ETF。它投資於全球範圍內從事區塊鏈技術開發和應用的公司,包括那些在區塊鏈領域內有顯著投資和研發活動的公司。

Amplify Transformational Data Sharing ETF (BLOK)是另一個專注於區塊鏈技術公司的 ETF。它投資於全球範圍內的公司,這些公司直接或間接地從事區塊鏈技術的開發、研究、支持和應用。

區塊鏈技術的應用不僅為投資者提供了新的投資機會,還可

能對整個 ETF行業的運作方式產生深遠影響。通過提高交易的透明度和安全性，降低運營成本，以及提供對新興技術的投資途徑，區塊鏈技術正逐步成為 ETF領域的一個重要創新點。

移動交易、應用程、APIs和開放式架構｜移動交易、應用程序、APIs（應用程序編程接口）和開放式架構在 ETF（交易所交易基金）的發展中扮演著越來越重要的角色。這些技術的進步不僅為投資者提供了更大的便利性和靈活性，還推動了 ETF市場的創新和擴展。以下是這些技術在ETF領域的具

移動交易應用程序使投資者能夠隨時隨地進行 ETF交易，提供了實時市場數據、交易執行、資產管理等功能。這些應用程序通常提供個性化的投資建議、市場洞察和定制化的通知，幫助投資者做出更明智的決策。

Robinhood、E*TRADE和 TD Ameritrade等平台提供了用戶友好的移動交易應用，使投資者能夠輕鬆地買賣 ETF。

APIs允許不同的軟件應用和服務無縫整合，為 ETF投資者提供更豐富的數據和工具。開放式架構和 APIs促進了新的金融產品和服務的開發，如自動化投資顧問和定制化投資組合管理工具。

Betterment和 Wealthfront等機器人顧問服務利用 APIs整合各種金融服務，為用戶提供基於ETF的自動化投資管理。

移動交易應用程序、APIs和開放式架構的發展為 ETF市場帶來了前所未有的便利性和創新機會。這些技術的應用不僅使投資者能夠更加靈活地參與市場，還推動了金融服務的現代化，使得個人和機構投資者都能夠更有效地管理和優化他們的投資組合。

7.4 永續投資角色日益增強

ETF在永續投資領域的角色日益加強，主要有以下幾個原因：

投資者對永續投資的需求不斷增加。 隨著全球氣候變化、社會不平等等問題日益嚴重，投資者越來越關注企業的社會和環境責任。永續投資可以幫助投資者投資於那些對社會和環境有益的企業，實現自身的財務目標和社會責任。

監管機構正在推動永續投資。近年來，全球各國監管機構都出台了相關政策，鼓勵和支持永續投資。例如，美國證券交易委員會（SEC）正在研究要求 ETF發行人披露其投資組合的永續性信息。

ETF發行人正在推出更多永續 ETF。 為了滿足投資者對永續投資的需求，ETF發行人正在推出更多永續 ETF。截至 2023年 6月，全球共有超過 5,000隻永續 ETF，總資產規模超過 1.5萬億美元。

ETF在永續投資領域的具體貢獻

1. ETF是一種低成本、易於交易的投資工具，這使得永續投資更加普及。

2. ETF可以幫助投資者更有效地分散投資組合，降低風險。

3. ETF發行人需要披露其投資組合的永續性信息，這有助於投資者做出更明智的投資決策。

展望未來

展望未來，ETF在永續投資領域的角色將繼續加強。隨著投資者對永續投資需求的不斷增加，以及監管機構的支持，ETF發行人將繼續推出更多永續 ETF。以下是一些有關數據和資料：

全球永續 ETF資產規模：截至 2023年 6月，全球共有超過 5,000隻永續 ETF，總資產規模超過 1.5萬億美元。預計到 2025年，全球

永續 ETF資產規模將達到 3萬億美元。

投資者對永續 ETF的需求： 根據 2023年的一項調查，65%的投資者表示，他們願意投資於永續 ETF。

監管機構的支持： 美國證券交易委員會（SEC）正在研究要求 ETF發行人披露其投資組合的永續性信息。

總體而言，ETF在永續投資領域的角色日益加強，將為投資者提供更多投資選擇，並推動永續投資的發展。

永續 ETF可以根據其投資策略分為以下幾類：

環境、社會和治理（ESG）ETF：這些 ETF投資於那些在環境、社會和治理方面表現良好的企業。ESG是指環境（Environment）、社會（Social）和治理（Governance）的縮寫。

負責任投資（SRI）ETF： 這些 ETF投資於那些符合特定社會或環境標準的企業。SRI是指社會責任投資的縮寫。

可再生能源 ETF：這些 ETF投資於可再生能源產業的企業。可再生能源是指可以無限再生的能源，例如太陽能、風能、水能等。

主要 ETF例子

一些主要的永續 ETF例子：

iShares ESG Aware MSCI USA ETF (ESGU)：該 ETF追蹤 MSCI USA ESG Aware指數，該指數包含美國市場上符合ESG標準的股票。

Vanguard FTSE Social Index ETF (VFTAX)：該 ETF追蹤 FTSE Social Index，該指數包含符合 FTSE ESG評級標準的股票。

SPDR S&P 500 ESG ETF (SPYG)：該 ETF追蹤 SPDR S&P 500 ESG指數，該指數包含符合 ESG標準的標普 500指數成分股。

Invesco Solar ETF (TAN)：該 ETF追蹤 Invesco Solar Index，該指數包含全球太陽能產業的股票。

First Trust Global Wind Energy ETF（FAN）：該 ETF追蹤 First Trust Global Wind Energy Index，該指數包含全球風能產業的股票。

資訊和數據

有關永續 ETF的資訊和數據：

全球永續 ETF資產規模：截至 2023年 6月，全球共有超過 5,000 隻永續 ETF，總資產規模超過 1.5萬億美元。預計到 2025年，全球永續 ETF資產規模將達到 3萬億美元。

投資者對永續 ETF的需求： 根據 2023年的一項調查，65%的投資者表示願意投資於永續 ETF。

監管機構的支持： 美國證券交易委員會（SEC）正在研究要求 ETF發行人披露其投資組合的永續性信息。

總體而言，永續 ETF在全球範圍內得到了快速發展，投資者對永續 ETF的需求也日益增加。

市場挑戰

ETF（交易所交易基金）投資在未來面臨著一系列的挑戰和機遇。隨著市場的不斷演變和技術的進步，ETF投資者需要適應新的市場環境和變化。以下是一些主要的挑戰和機遇：

市場波動性：全球經濟和政治不確定性可能導致市場波動性增加，這對 ETF投資者來說是一個重要的挑戰。波動性的增加可能會影響 ETF的價格和流動性，增加投資風險。

利率變化：隨著全球經濟復甦，各國央行可能會調整利率政策。利率的變化對於固定收益類 ETF尤其重要，因為它們直接影響債券價格和收益率。

監管變化：金融市場的監管環境不斷變化，可能對 ETF產品

的結構和運作方式產生影響。新的監管規定可能會影響 ETF的流動性、透明度和成本結構。

4. 市場飽和和競爭：隨著越來越多的 ETF產品進入市場，市場可能面臨飽和的風險。這可能導致某些 ETF的流動性下降，並增加投資者在選擇合適 ETF時的難度。

機遇

創新和專題投資：新興市場、可持續投資和科技創新等領域為 ETF投資提供了新的機遇。專注於特定主題或趨勢的 ETF可以為投資者提供對這些高增長領域的曝光。例如有些 ETF專注於投資於電動汽車、雲計算、區塊鏈或生物科技等行業的公司，這些行業預計在未來幾年將有快速的發展和創新，讓投資者分享這些行業的成長潛力，同時也降低了投資於個別股票的風險。

全球多元化：ETF提供了一種便捷的方式來實現全球投資多元化。投資者可以通過投資於不同國家和地區的 ETF來分散風險並抓住全球增長機會。有些 ETF追蹤全球指數，如 MSCI世界指數或富時全球指數，這些指數包含了來自不同國家和地區的數千家公司的股票，讓投資者獲得廣泛的全球市場曝光，同時也減少了匯率波動的影響。另外，有些 ETF專注於投資於特定的新興市場或發展中國家，如中國、印度、巴西或南非等，這些國家有著較高的經濟增長率和人口紅利，讓投資者參與這些國家的經濟發展，同時也提高了投資組合的收益率。

技術進步：人工智能、大數據分析和自動化交易等技術的進步為 ETF投資提供了新的工具和策略。這些技術可以幫助投資者更有效地管理投資組合並做出更精準的投資決策。一些 ETF採用了基於人工智能的演算法來選擇和調整其持有的股票，這些演算

法可以根據市場條件和數據變化來自動優化投資組合的表現，使投資者享受到人工智能的優勢，同時也減少了人為的偏誤和情緒的干擾。另外，還有些 ETF利用了大數據分析和自動化交易的技術來實現更高的流動性和成本效率，這些技術可以幫助投資者更快速和更便宜地買賣ETF，同時也提高了市場的透明度和公平性。

ESG投資趨勢：環境、社會和治理（ESG）投資的興起為 ETF市場帶來了新的增長機會。越來越多的投資者尋求通過投資於符合 ESG標準的 ETF來實現社會責任和可持續投資。有些 ETF專注於投資於減少碳排放、提高能源效率、促進社會公平和改善企業治理等方面的公司，這些公司被認為對環境和社會有正面的影響，同時讓投資者實現與其價值觀和信念相一致的投資，獲得與傳統ETF相當或更高的收益率。

7.5 2024年投資 ETF的展望總結

根據對 2024年全球經濟趨勢的分析，投資 ETF的展望呈現出多元化和專注於創新領域的特點。

全球和區域 ETF｜鑑於全球經濟的不確定性，投資全球或特定區域的 ETF可以提供良好的多元化，幫助分散風險。投資者可能會尋求全球多元化的 ETF，如追蹤 MSCI World Index的 ETF，以及專注於特定區域的 ETF，例如亞洲或歐洲市場。相關 ETF例子：iShares MSCI World ETF提供全球多元化投資機會，而 Vanguard FTSE Europe ETF則專注於歐洲市場。亞洲新興市場（如中國和印度）和歐盟國家的 ETF可能特別受到關注。

科技和創新驅動的 ETF｜投資於科技行業的 ETF，如涵蓋人工智慧、大數據、雲計算等領域的 ETF，將繼續受到青睞。這些領域的快速發展預計將帶來顯著的市場機會。2023年，全球雲計算市場規模達到了約 3710億美元，預計 2024年將進一步增長。相關 ETF例子：Technology Select Sector SPDR Fund和 Global X Artificial Intelligence & Technology ETF是投資這些領域的代表。

綠色經濟和 ESG投資｜隨著全球對氣候變化和可持續發展的關注加深，ESG相關的 ETF將吸引更多投資。這包括投資於可再生能源、環保技術和具有良好社會治理實踐的公司。2023年，全球 ESG相關資產達到了約 35萬億美元。相關 ETF例子：iShares Global Clean Energy ETF和 Vanguard ESG International Stock ETF是這方面的優選。

分散風險的策略｜在市場波動的背景下，投資於提供穩定收益的 ETF，如高股息 ETF或債券 ETF，可以作為風險管理的一部分。

相關 ETF例子： Vanguard High Dividend Yield ETF和 iShares Core U.S. Aggregate Bond ETF是分散風險的良好選擇。

新興市場 ETF｜新興市場，特別是印度和東南亞國家，由於其經濟增長潛力，可能成為吸引投資的熱點。相關 ETF可能提供較高的增長機會。2023年，印度的 GDP增長率預計為 7.2%。相關 ETF例子：iShares MSCI India ETF和 Vanguard FTSE Emerging Markets ETF可作為投資這些市場的工具。

適應全球經濟變化的靈活策略｜鑑於全球經濟的快速變化，投資者需要保持對市場動態的敏感性，並能夠快速調整投資策略以應對新的經濟和政治情況。相關 ETF例子：SPDR S&P 500 ETF Trust和 iShares Core MSCI Emerging Markets ETF等提供了跨市場的投資機會，有助於投資者迅速應對市場變化。

考慮貨幣政策和利率變化｜各國央行的貨幣政策和利率變化對全球資本市場有著深遠的影響。2024年，投資者需密切關注主要經濟體的貨幣政策調整，以及其對市場的潛在影響。相關 ETF例子：考慮投資於那些能夠受益於利率變化的 ETF，如 Vanguard Total Bond Market ETF，以平衡利率風險。

關注地緣政治和經濟政策的變化｜地緣政治緊張局勢，如美中貿易關係、歐洲政治動態等，將對全球市場產生影響。投資者應該關注這些因素對特定市場和行業的影響。相關 ETF例子：投資於具有地緣政治敏感性較低的市場或行業的 ETF，如 iShares Global Healthcare ETF，可以是減少地緣政治風險的策略。